만만하게 시작하는
히라가나 일본어 첫걸음

만만하게 시작하는
히라가나 일본어 첫걸음

2016년 04월 15일 초판 01쇄 발행
2023년 09월 25일 초판 35쇄 발행

지은이 Enjc스터디
발행인 손건
마케팅 이언영
디자인 김선옥
제작 최승용
인쇄 선경프린테크
발행처 LanCom 랭컴
주소 서울시 영등포구 영신로34길 19, 3층
등록번호 제 312-2006-00060호
전화 02) 2636-0895
팩스 02) 2636-0896
이메일 elancom@naver.com

ISBN 979-11-87168-04-1 13730

문자·발음부터 기초 단어와 패턴 훈련까지 왕초보를 위한 일본어 첫걸음의 모든 것

만만하게
시작하는

박해리 지음

히라가나
일본어
첫걸음

LanCom
Language & Communication

이 책의 구성 및 특징

PART 2

PART 1

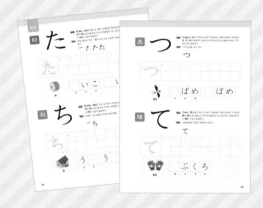

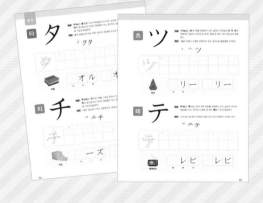

카타카나 쓰면서 익히기

카타카나는 히라가나와 발음이 동일하지만 주로 외래어 등을 표기할 때 쓰이는 문자입니다. 여기서는 카타카나의 필순에 맞춘 쓰기와 정확한 발음을 그림과 함께 단어를 보면서 쉽게 익힐 수 있도록 하였으며, 그밖의 청음, 탁음, 반탁음, 요음, 하네루음, 촉음, 장음을 쓰면서 제대로 익힐 수 있도록 하였습니다.

히라가나 쓰면서 익히기

히라가나는 일본어를 표기할 때 대표적으로 쓰이는 문자입니다. 여기서는 히라가나의 필순에 맞춘 쓰기와 정확한 발음을 그림과 함께 단어를 보면서 쉽게 익힐 수 있도록 하였으며, 그밖의 청음, 탁음, 반탁음, 요음, 하네루음, 촉음, 장음을 쓰면서 제대로 익힐 수 있도록 하였습니다.

주제별로 단어 익히기

여기서 제시한 단어들은 일본어 학습을 하는 데 있어서 기본적으로 반드시 알아야 할 단어이므로 한눈에 익히기 쉽도록 일상생활에서 쉽게 접할 수 있는 단어를 주제별로 엮었습니다. 일본어 발음은 일단 굳어지면 여간해서 고치기가 어려우므로 처음부터 올바른 발음을 접하는 것이 중요합니다. 일본인의 발음을 몇번이고 따라 들으면서 자기 것으로 만들도록 합시다.

문장으로 일본어 익히기

일본어 문장을 이해하고 만드는 데 꼭 필요한 기본적인 문법 패턴을 정리해 두었습니다. 자세한 문법 사항을 제시하기보다는 기본적인 개념을 문장을 통해 습득하고 활용하는 데 도움이 되는 사항에 중점을 두었으며, 반복되는 단어를 가지고 계속 변형된 문장을 만들어 봄으로써 다양한 문장 유형들을 빠르게 익힐 수 있습니다.

이 책은 단순히 히라가나와 카타카나 펜맨십이 아닙니다. 히라가나는 물론 카타카나와 그밖의 발음을 주제별 단어를 통해서 빠르고 쉽게 읽고 쓰기를 완벽하게 할 수 있도록 구성한 책입니다. 또한 랭컴출판사 홈페이지(www.lancom.co.kr)를 통해서 무료로 제공한 MP3 파일에는 일본인의 정확한 발음을 들을 수 있습니다.

차례

PART 3

주제별로
단어
익히기

PART 4

문장으로
일본어
익히기

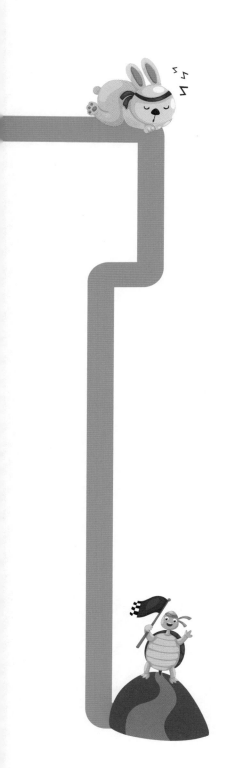

만만하게 시작하는 히라가나 일본어 첫걸음

PART 1

히라가나 쓰면서 익히기

01. 청음(오십음도)

청음清音(せいおん)이란 목의 저항을 거치지 않고 내는 맑은 소리로, 아래의 오십음도五十音図(ごじゅうおんず) 표에 나와 있는 5단 10행의 46자를 말한다. 단段은 모음에 의해 나누어진 세로 표, 행行은 자음에 의해 나누어진 가로 표를 말하며, 오십음도에서 **あ い う え お**는 모음, **や ゆ よ**는 반모음이며 나머지는 자음입니다. 이처럼 일본어 문자는 자음과 모음을 결합해서 쓰는 우리 한글과는 달리 하나의 글자가 자음과 모음을 다 가지고 있습니다.

	あ단	い단	う단	え단	お단
あ행	あ 아 (a)	い 이 (i)	う 우 (u)	え 에 (e)	お 오 (o)
か행	か 카 (ka)	き 키 (ki)	く 쿠 (ku)	け 케 (ke)	こ 코 (ko)
さ행	さ 사 (sa)	し 시 (si)	す 스 (su)	せ 세 (se)	そ 소 (so)
た행	た 타 (ta)	ち 치 (chi)	つ 츠 (tsu)	て 테 (te)	と 토 (to)
な행	な 나 (na)	に 니 (ni)	ぬ 누 (nu)	ね 네 (ne)	の 노 (no)
は행	は 하 (ha)	ひ 히 (hi)	ふ 후 (hu)	へ 헤 (he)	ほ 호 (ho)
ま행	ま 마 (ma)	み 미 (mi)	む 무 (mu)	め 메 (me)	も 모 (mo)
や행	や 야 (ya)		ゆ 유 (yu)		よ 요 (yo)
ら행	ら 라 (ra)	り 리 (ri)	る 루 (ru)	れ 레 (re)	ろ 로 (ro)
わ행	わ 와 (wa)				を 오 (o)
	ん 응 (n,m,ng)				

발음 **あ**[a]는 우리말의 **아**와 거의 동일하게 발음합니다.

필순 **安**(편안할 안)의 초서체가 변형되어 만들어졌으며, 1획은 약간 위로 올리며 2획은 중심에서 긋되 직선이 되지 않도록 합니다.

개미

  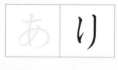

아 리

발음 **い**[i]는 우리말의 **이**와 거의 동일하게 발음합니다.

필순 **以**(써 이)의 초서체가 변형되어 만들어졌으며, 1획과 2획을 연결하듯이 쓰며 사이를 약간 넓게 잡아줍니다.

딸기

이 치 고

15

발음 **う[u]**는 우리말의 **우**와 **으**의 중간음으로 입술이 앞으로 튀어나오지 않도록 발음합니다.

필순 **宇**(집 우)의 초서체가 변형되어 만들어졌으며, 가로선 사이를 떼어 주며 세로는 천천히 조금씩 세우듯이 그립니다.

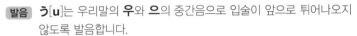

토끼

우   사   기

발음 **え[e]**는 우리말의 **에**와 **애**의 중간음으로 발음합니다.

필순 **衣**(옷 의)의 초서체가 변형되어 만들어졌으며, 마지막 왼쪽 사선의 중심에서 시작하며 거의 삼각형이 되도록 합니다.

역

에   끼

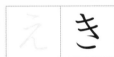

| 오 |

발음 **お**[o]는 우리말의 **오**와 거의 동일하게 발음합니다.

필순 **於**(어조사 어)의 초서체가 변형되어 만들어졌으며, 마지막 획의 오른쪽 점을 높입니다.

おおお

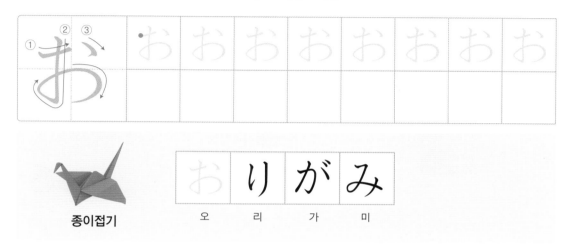

종이접기

お	り	が	み
오	리	가	미

✏️ **한글 발음을 보고 빈칸에 알맞은 히라가나를 써넣으세요.**

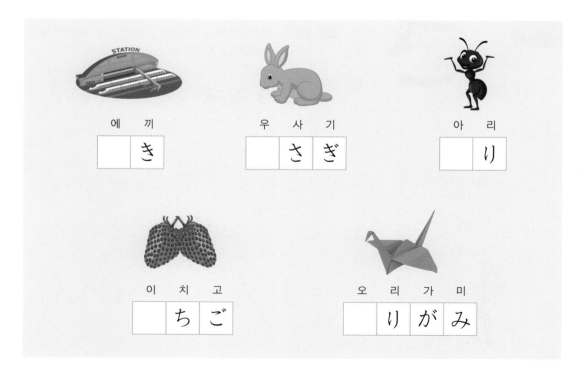

에 끼
| | き |

우 사 기
| | さ | ぎ |

아 리
| | り |

이 치 고
| | ち | ご |

오 리 가 미
| | り | が | み |

カ

か

발음 **か**[ka]는 **가**와 **카**의 중간음으로 단어의 첫음절이 아닌 중간이나 끝에 오면 **까**에 가깝게 발음합니다.

필순 **加**(더할 가)의 초서체가 변형되어 만들어졌으며, 마지막 점의 높이를 맞춥니다.

か か か

か か か か か か か か

우산

か さ　か さ　か さ

카　사

キ

き

발음 **き**[ki]는 우리말의 **기**와 **키**의 중간음으로 첫음절이 아닌 단어의 중간이나 끝에 오면 **끼**에 가깝게 발음합니다.

필순 **幾**(몇 기)의 초서체가 변형되어 만들어졌으며, 마지막 획은 전체적인 글자의 균형을 이루도록 왼쪽 부분을 맞춥니다.

き き き き

き き き き き き き

기린

き り ん　き り ん

키　링

18

쿠

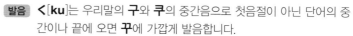

발음 **く[ku]**는 우리말의 **구**와 **쿠**의 중간음으로 첫음절이 아닌 단어의 중간이나 끝에 오면 **꾸**에 가깝게 발음합니다.

필순 **久**(오랠 구)의 초서체가 변형되어 만들어졌으며, 꺾는 부분을 각이 지지 않도록 약간 둥글게 합니다.

밤

쿠 리

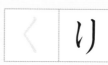

케

발음 **け[ke]**는 우리말의 **게**와 **케**의 중간음으로 단어의 첫음절이 아닌 중간이나 끝에 오면 **께**에 가깝게 발음합니다.

필순 **計**(꾀 계)의 초서체가 변형되어 만들어졌으며, 왼쪽 부분을 위로 끌어올려 연결하는 느낌으로 씁니다.

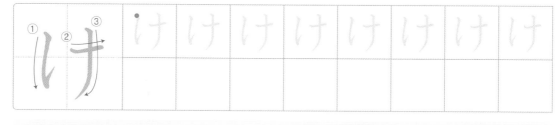

연못

이 께

| 코 |

こ

발음 こ[ko]는 우리말의 **고**와 **코**의 중간음으로 단어의 첫음절이 아닌 중간이나 끝에 오면 **꼬**에 가깝게 발음합니다.

필순 己(자기 기)의 초서체가 변형되어 만들어졌으며, 왼쪽 부분을 맞추며 위아래를 이어지듯이 씁니다.

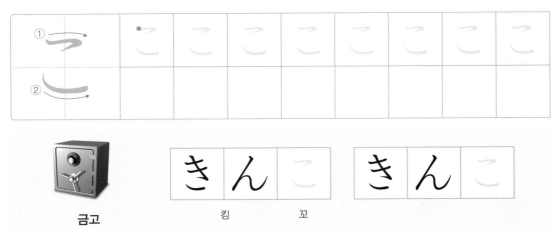

금고   킹   꼬   きん こ

✏️ **한글 발음을 보고 빈칸에 알맞은 히라가나를 써넣으세요.**

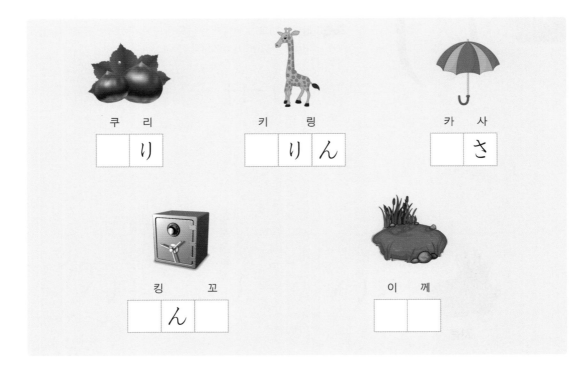

쿠 리   키 링   카 사

	り
	り	ん
	さ

킹 꼬   이 께

| | ん | |
| | |

사 さ

발음 さ[sa]는 우리말의 **사**에 가깝게 발음합니다.

필순 左(왼 좌)의 초서체가 변형되어 만들어졌으며, 아랫부분이 중심에 걸리도록 씁니다.

さ さ さ

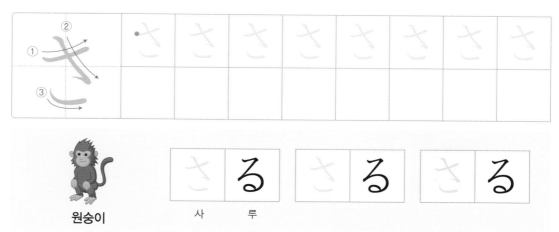

원숭이 — さる
사 루

시 し

발음 し[si]는 우리말의 **쉬**에 가까운 **시**로 발음합니다.

필순 之(갈 지)의 초서체가 변형되어 만들어졌으며, 천천히 쓰다가 꺾을 때는 둥글게 하여 재빠르게 씁니다.

し

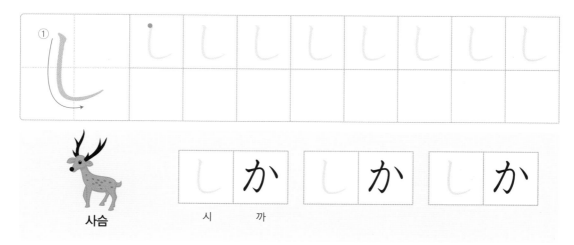

사슴 — しか
시 까

21

발음 **す**[su]는 우리말의 **수**와 **스**의 중간으로 **스**에 가깝게 발음합니다.

필순 **寸**(마디 촌)의 초서체가 변형되어 만들어졌으며, 가운데 부분은 원으로 돌린 다음 왼쪽으로 짧게 뺍니다.

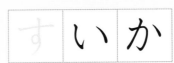

수박

ス　　이　　까

발음 **せ**[se]는 우리말의 **세**와 비슷하게 발음합니다.

필순 **世**(인간 세)의 초서체가 변형되어 만들어졌으며, 가로선을 오른쪽 위로 약간 올려 그립니다.

매미

세　　미

소

발음 そ[so]는 우리말의 **소**와 비슷하게 발음합니다.

필순 **曽**(일찍 증)의 초서체가 변형되어 만들어졌으며, 끝 부분이 중심보다 길게 나오지 않게 합니다.

そ

① そ	そ	そ	そ	そ	そ	そ	そ	そ

메밀국수

そ	ば
소　　　바

そ	ば

そ	ば

✏️ **한글 발음을 보고 빈칸에 알맞은 히라가나를 써넣으세요.**

시　까

스　이　까

세　미

	み

소　바

	ば

사　루

	る

타

발음 **た**[ta]는 우리말의 **다**와 **타**의 중간음으로 단어의 첫음절이 아닌 중간이나 끝에 올 때는 **따**에 가깝게 발음합니다.

필순 **太**(클 태)의 초서체가 변형되어 만들어졌으며, 왼쪽 부분은 약간 기울어지게 하며 오른쪽 아랫부분은 위아래를 맞춥니다.

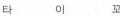
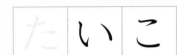

북

た	い	こ
타	이	꼬

た	い	こ

치 ち

발음 **ち**[chi]는 우리말의 **치**와 **찌**의 중간음으로 단어의 첫음절이 아닌 중간이나 끝에 올 때는 **찌**에 가깝게 발음합니다.

필순 **知**(알 지)의 초서체가 변형되어 만들어졌으며, 아래의 가로 방향은 천천히 돌려 뺍니다.

ちち

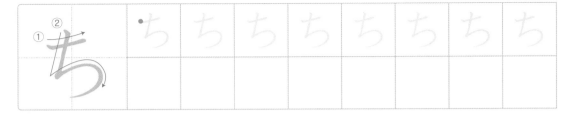

집

う	ち
우	찌

う	ち

う	ち

츠 つ

발음 **つ**[tsu]는 우리말의 **쓰, 쯔, 츠**의 복합적인 음으로 단어의 중간이나 끝에 올 때는 약간 된소리로 발음합니다.

필순 **川**(내 천)의 초서체가 변형되어 만들어졌으며, 가로 방향을 길고 둥글게 합니다.

つ

제비

| つ | ばめ | | つ | ばめ | |
| 츠 | 바 | 메 | | | |

테 て

발음 **て**[te]는 우리말의 **데**와 **테**의 중간음으로 단어의 첫음절이 아닌 중간이나 끝에 올 때는 **떼**에 가깝게 발음합니다.

필순 **天**(하늘 천)의 초서체가 변형되어 만들어졌으며, 아랫부분은 오른쪽 윗부분과 맞춥니다.

て

장갑

| て | ぶ | く | ろ |
| 테 | 부 | 꾸 | 로 |

토

と

발음 と[to]는 우리말의 **도**와 **토**의 중간음으로 단어의 첫음절이 아닌 중간이나 끝에 올 때는 **또**에 가깝게 발음합니다.

필순 止(그칠 지)의 초서체가 변형되어 만들어졌으며, 아랫부분과 오른쪽 윗부분을 맞추며 1획은 2획의 거의 중심에 두도록 합니다.

と と

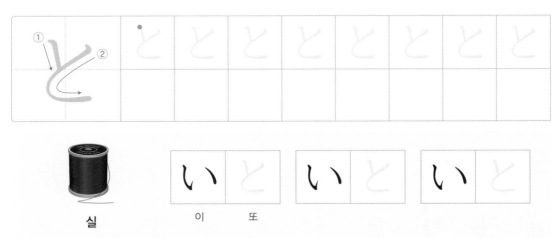

실

い と い と い

이 또

✏️ **한글 발음을 보고 빈칸에 알맞은 히라가나를 써넣으세요.**

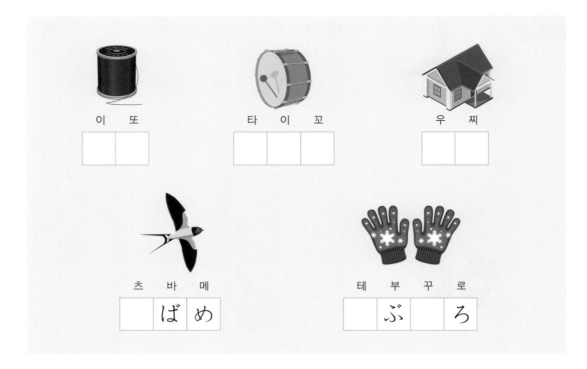

이 또

타 이 꼬

우 찌

츠 바 메
ば め

테 부 꾸 로
ぶ   ろ

26

발음 な[na]는 우리말의 **나**와 거의 동일하게 발음합니다.

필순 奈(어찌 나)의 초서체가 변형되어 만들어졌으며, 마지막 오른쪽 아래의 돌리는 부분에 주의합니다.

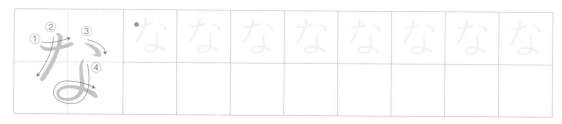

  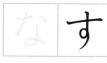  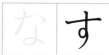

가지

な	す		な	す		な	す
나	스						

발음 に[ni]는 우리말의 **니**와 거의 동일하게 발음합니다.

필순 仁(어질 인)의 초서체가 변형되어 만들어졌으며, 왼쪽에서 오른쪽으로 이어 쓰듯이 합니다.

닭

に	わ	と	り
니	와	또	리

발음 **ぬ[nu]**는 우리말의 **누**와 거의 동일하게 발음합니다.

필순 **奴**(종 노)의 초서체가 변형되어 만들어졌으며, 세로선은 사선으로 교차시키며 아랫부분은 거의 맞추듯이 그립니다.

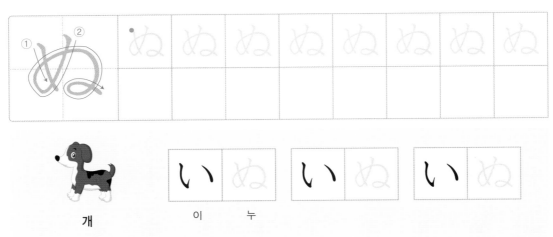

개

い ぬ　い ぬ　い ぬ
이　누

ね

발음 **ね[ne]**는 우리말의 **네**와 거의 동일하게 발음합니다.

필순 **称**(일컬을 칭)의 초서체가 변형되어 만들어졌으며, 끝 부분은 왼쪽 가로선보다 약간 위에 맞춥니다.

고양이

네　꼬

발음 の[no]는 우리말의 **노**와 거의 동일하게 발음합니다.

필순 乃(이에 내)의 초서체가 변형되어 만들어졌으며, 너무 둥글게 하지 않으며 가운데 선은 거의 중앙에 위치합니다.

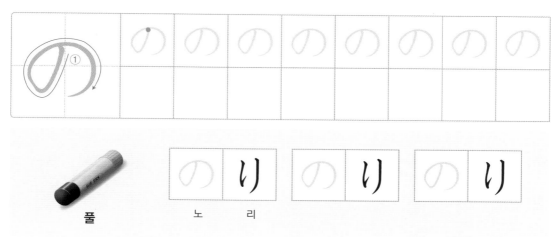

풀

노 리

🖊 **한글 발음을 보고 빈칸에 알맞은 히라가나를 써넣으세요.**

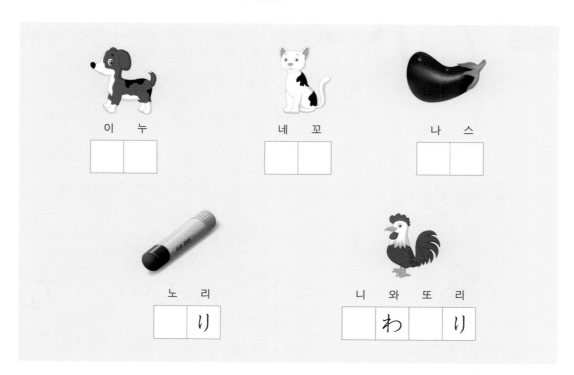

이 누

네 꼬

나 스

노 리

り

니 와 또 리

わ   り

29

하 は

발음 は[ha]는 우리말의 **하**와 거의 동일하게 발음하며, 조사로 쓰일 때는 **와**로도 발음합니다.

필순 **波**(물결 파)의 초서체가 변형되어 만들어졌으며, 끝부분은 왼쪽보다 약간 위에서 원을 그립니다.

가위

하 사 미

히 ひ

발음 ひ[hi]는 우리말의 **히**와 거의 동일하게 발음합니다.

필순 **比**(견줄 비)의 초서체가 변형되어 만들어졌으며, 왼쪽에서 천천히 그리다가 빨리 올린 다음 내립니다.

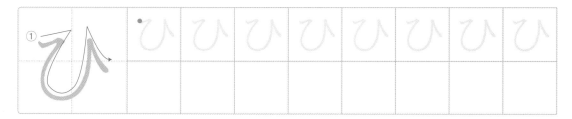

병아리

히 나

발음 ふ[hu]는 우리말의 **후**와 거의 동일하게 발음합니다.

필순 **不**(아닐 부)의 초서체가 변형되어 만들어졌으며, 아래쪽 끝 부분은 왼쪽보다 약간 높입니다.

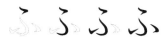

부엉이

ふ	く	ろ	う
후	꾸	로	우

발음 へ[he]는 우리말의 **헤**와 거의 동일하게 발음하며, 조사로 쓰일 때는 **에**로도 발음합니다.

필순 **部**(거느릴 부)의 오른쪽 부분이 초서체로 변형되어 만들어졌으며, 약간 끌어올려 길쭉하게 아래로 내려쓰며 꺾이는 부분은 각이 지지 않도록 합니다.

뱀

へ　び

31

ほ

발음 ほ[ho]는 우리말의 **호**와 거의 동일하게 발음합니다.

필순 **保**(지킬 보)의 초서체가 변형되어 만들어졌으며, 오른쪽 끝 부분의 돌리는 부분은 왼쪽보다 높게 잡습니다.

ほほほほ

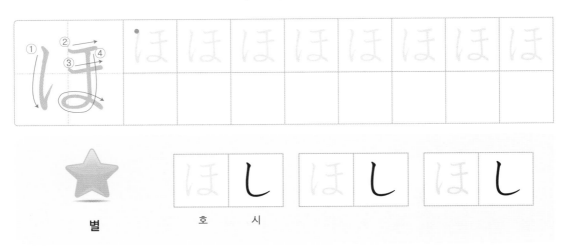

★
별

ほし ほし ほし
호 시

✏ **한글 발음을 보고 빈칸에 알맞은 히라가나를 써넣으세요.**

헤 비
⬜ び

하 사 미
⬜ ⬜ み

히 나
⬜ ⬜

호 시
⬜ ⬜

후 꾸 로 우
⬜ ⬜ ろ ⬜

마

ま

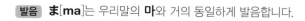

발음 **ま**[ma]는 우리말의 **마**와 거의 동일하게 발음합니다.

필순 **未**(아닐 미)의 초서체가 변형되어 만들어졌으며, 돌리는 부분에 주의합니다.

말

우　　마

미

み

발음 **み**[mi]는 우리말의 **미**와 거의 동일하게 발음합니다.

필순 **美**(아름다울 미)의 초서체가 변형되어 만들어졌으며, 끝 부분은 이어지듯이 돌려 밑으로 뺍니다.

귤

미　　깡

발음 **む**[mu]는 우리말의 **무**와 거의 동일하게 발음합니다.

필순 **武**(굳셀 무)의 초서체가 변형되어 만들어졌으며, 끝 부분의 점은 사선이 되게 그립니다.

벌레

む し む し む し
무 시

발음 **め**[me]는 우리말의 **메**와 거의 동일하게 발음합니다.

필순 **女**(계집 녀)의 초서체가 변형되어 만들어졌으며, 가로선이 사선으로 교차되게 약간 안쪽으로 기울여 씁니다.

송사리

め だ か め だ か
메 다 까

34

| 모 | も |

발음 も[mo]는 우리말의 **모**와 거의 동일하게 발음합니다.

필순 **毛**(터럭 모)의 초서체가 변형되어 만들어졌으며, 세로선은 낚싯바늘을 그리듯이 합니다.

も も も

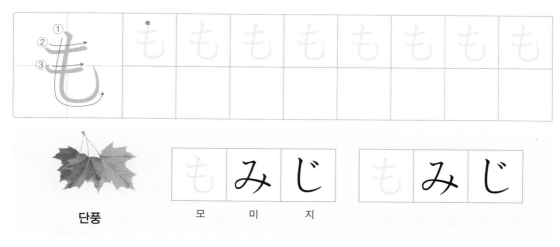

단풍 | も み じ | も み じ

모 미 지

✏️ **한글 발음을 보고 빈칸에 알맞은 히라가나를 써넣으세요.**

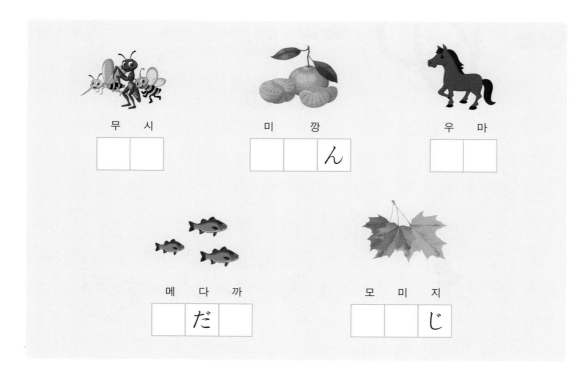

무 시

미 깡　ん

우 마

메 다 까　だ

모 미 지　じ

야

や

발음 **や[ya]**는 우리말의 **야**와 거의 동일하게 발음합니다.

필순 **也**(어조사 야)의 초서체가 변형되어 만들어졌으며, 가로선 끝은 약간 올려 낚싯바늘을 그리듯이 합니다.

주전자

야　　깡

유

ゆ

발음 **ゆ[yu]**는 우리말의 **유**와 거의 동일하게 발음합니다.

필순 **由**(말미암을 유)의 초서체가 변형되어 만들어졌으며, 가로선의 길이에 주의하며 약간 안쪽을 기울여 씁니다.

ゆゆ

눈사람

유　끼　다　루　마

36

よ

발음 **よ**[yo]는 우리말의 **요**와 거의 동일하게 발음합니다.

필순 **与**(줄 여)의 초서체가 변형되어 만들어졌으며, 아래의 실처럼 묶는 부분에 주의합니다.

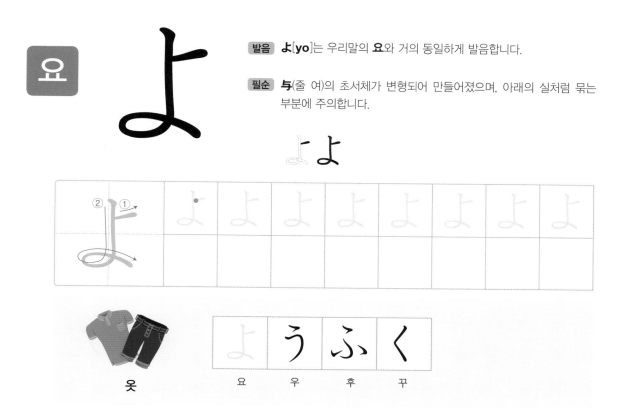

② ①

よ よ よ よ よ よ よ

よ	う	ふ	く
요	우	후	꾸

옷

✏ 한글 발음을 보고 빈칸에 알맞은 히라가나를 써넣으세요.

야 깡

		ん

요 우 후 꾸

유 끼 다 루 마

		だ	る	

라

발음 ら[ra]는 우리말의 **라**처럼 발음하며, 단어의 첫머리에 오더라도 **나**로 변하지 않습니다.

필순 良(좋을 량)의 초서체가 변형되어 만들어졌으며, 마치는 부분은 글자의 거의 중앙에서 멈춥니다.

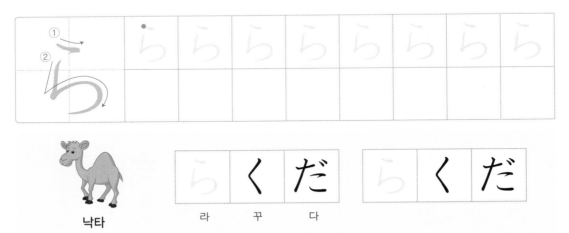

낙타

ら　く　だ
라　꾸　다

ら　く　だ

리

り

발음 り[ri]는 우리말의 **리**처럼 발음하며, 단어의 첫머리에 오더라도 **이**로 변하지 않습니다.

필순 利(이로울 리)의 오른쪽 부분을 흘려 써 만들어진 글자로, 단번에 그리듯이 하며 사이의 공간을 너무 떼지 않도록 합니다.

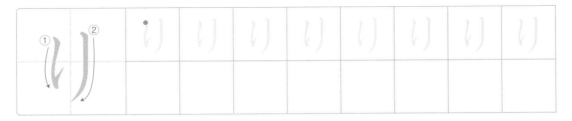

다람쥐

り　す
리　스

발음 **る**[ru]는 우리말의 **루**처럼 발음하며, 단어의 첫머리에 오더라도 **누**로 변하지 않습니다.

필순 留(머무를 류)의 초서체가 변형되어 만들어졌으며, 마지막 부분은 중심을 벗어나지 않도록 하며 달걀 모양으로 묶습니다.

る

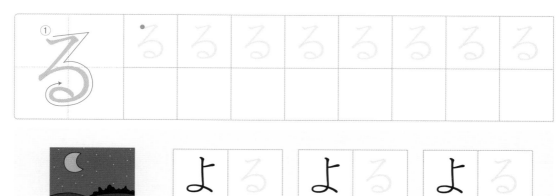

밤

よ る　　よ る　　よ る

요　루

발음 **れ**[re]는 우리말의 **레**처럼 발음하며, 단어의 첫머리에 오더라도 **네**로 변하지 않습니다.

필순 礼(예도 례)의 초서체가 변형되어 만들어졌으며, 2획은 세로선의 3분의 1 정도에서 시작합니다.

れ

냉장고

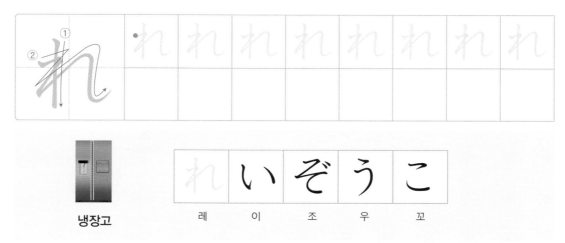

れ い ぞ う こ
레　이　조　우　꼬

로

ろ

발음 **ろ**[ro]는 우리말의 **로**처럼 발음하며, 단어의 첫머리에 오더라도 **노**로 변하지 않습니다.

필순 **呂**(음률 려)의 초서체가 변형되어 만들어졌으며, 마지막 부분은 달걀 모양으로 크게 그리며 중심에서 벗어나지 않도록 합니다.

ろ

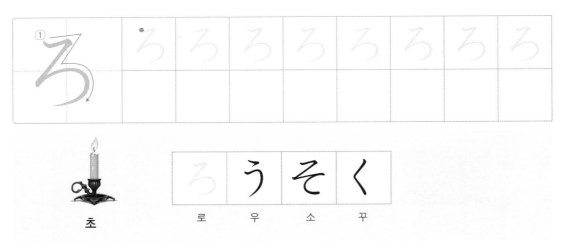

초

ろ	う	そ	く
로	우	소	꾸

✏️ **한글 발음을 보고 빈칸에 알맞은 히라가나를 써넣으세요.**

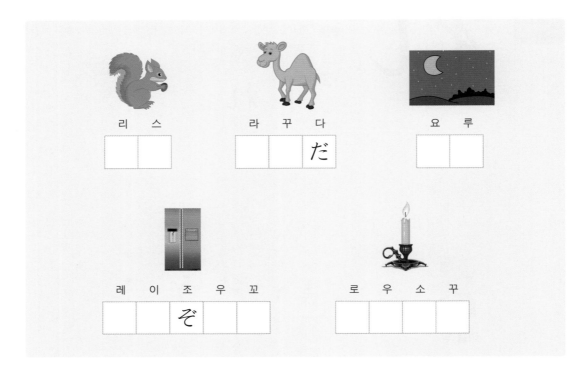

리　스

라　꾸　다

	だ

요　루

레　이　조　우　꼬

	ぞ		

로　우　소　꾸

와

わ

발음 わ[wa]는 우리말의 **와**와 거의 동일하게 발음합니다.

필순 和(화할 화)의 초서체가 변형되어 만들어졌으며, 처음에는 **ね. れ**와 동일하며 끝 부분에서는 낚싯바늘을 그리듯이 합니다.

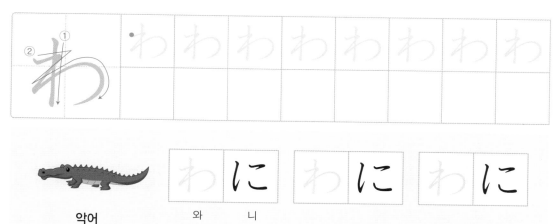

악어

わ に わ に わ に

와　　니

오

を

발음 を[o]는 **あ**행의 **お**와 발음이 같지만, **を**는 우리말의 **을(를)**에 해당하는 조사로만 쓰입니다.

필순 袁(옷길 원)의 초서체가 변형되어 만들어졌으며, 2획과 3획을 연결하는 부분에 주의합니다.

이를 닦다

は を み が く

하　오　미　가　꾸

응

발음 *ん*[n, m, ng]은 다른 글자 밑에서 받침으로만 쓰이며 우리말의 ㄴ, ㅁ, ㅇ 등으로 발음합니다.

필순 无(없을 무)의 초서체가 변형되어 만들어졌으며, 끝 부분이 짧지 않도록 위로 그려 올립니다.

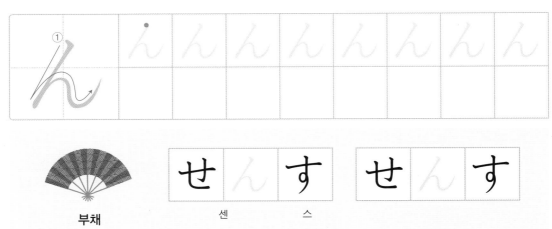

부채

せんす　せんす

센　　스

✏️ **한글 발음을 보고 빈칸에 알맞은 히라가나를 써넣으세요.**

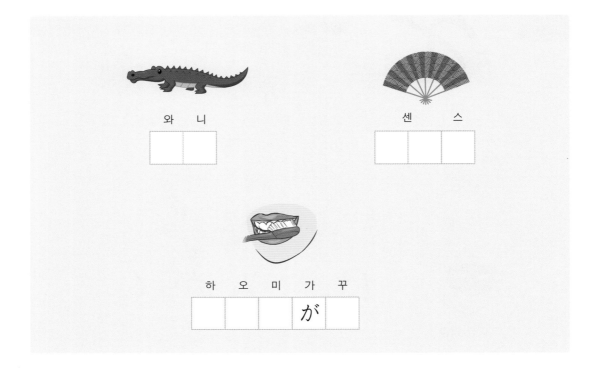

와　니

센　　스

하　오　미　가　꾸

が

42

02. 탁음

탁음濁音(だくおん)이란 청음清音에 비해 탁한 소리를 말하며, **か さ た は**행의 글자 오른쪽 윗부분에 탁점(ﾞ)을 붙인 음을 말합니다. **だ**행의 **ぢ づ**는 **ざ**행의 **じ ず**와 발음이 동일하여 현대어에는 특별한 경우 이외는 별로 쓰이지 않습니다.

	あ단	い단	う단	え단	お단
が행	が 가 (ga)	ぎ 기 (gi)	ぐ 구 (gu)	げ 게 (ge)	ご 고 (go)
ざ행	ざ 자 (za)	じ 지 (zi)	ず 즈 (zu)	ぜ 제 (ze)	ぞ 조 (zo)
だ행	だ 다 (da)	ぢ 지 (zi)	づ 즈 (zu)	で 데 (de)	ど 도 (do)
ば행	ば 바 (ba)	び 비 (bi)	ぶ 부 (bu)	べ 베 (be)	ぼ 보 (bo)

03. 반탁음

반탁음半濁音(はんだくおん)은 **は**행의 오른쪽 윗부분에 반탁점(ﾟ)을 붙인 것을 말하며 우리말의 ㅍ과 ㅃ의 중간으로 단어의 첫머리에 올 경우에는 ㅍ에 가깝게 발음하고 단어의 중간이나 끝에 올 때는 ㅃ에 가깝게 발음합니다.

	あ단	い단	う단	え단	お단
ぱ행	ぱ 파 (pa)	ぴ 피 (pi)	ぷ 푸 (pu)	ぺ 페 (pe)	ぽ 포 (po)

が행 **발음** が[ga]행의 발음은 청음인 か[ka]행의 발음과는 달리 단어의 첫머리나 단어의 끝, 또는 중간에 올 때도 마찬가지로 **가 기 구 게 고**로 발음하며 도쿄 지방에서는 콧소리로 발음합니다.

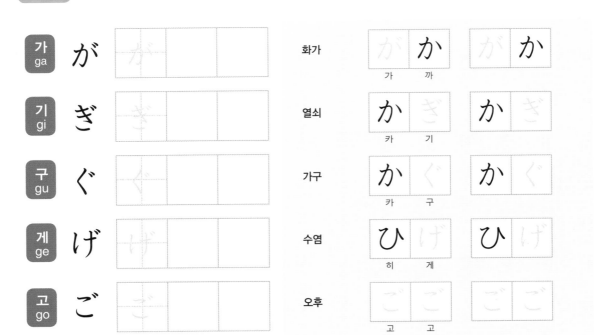

가 ga	が		
기 gi	ぎ		
구 gu	ぐ		
게 ge	げ		
고 go	ご		

화가 — がか (가까)
열쇠 — かぎ (카기)
가구 — かぐ (카구)
수염 — ひげ (히게)
오후 — ごご (고고)

ざ행 **발음** ざ[za]행의 발음은 우리말에 없어서 정확히 발음하기 어렵지만 대체적으로 **자 지 즈 제 조**로 발음하면 됩니다. 입 모양은 さ[sa]행과 동일합니다.

자 za	ざ		
지 zi	じ		
즈 zu	ず		
제 ze	ぜ		
조 zo	ぞ		

좌석, 자리 — ざせき (자세끼)
무지개 — にじ (니지)
상처, 흠집 — きず (키즈)
바람 — かぜ (카제)
수수께끼 — なぞ (나조)

だ행	**발음**	**だ**[da]행의 **だ で ど**는 우리말의 **다 데 도**로 발음하고, **ぢ づ**는 **ざ**행의 **じ ず**와 발음이 동일하며 우리말 **지 즈**로 발음합니다.

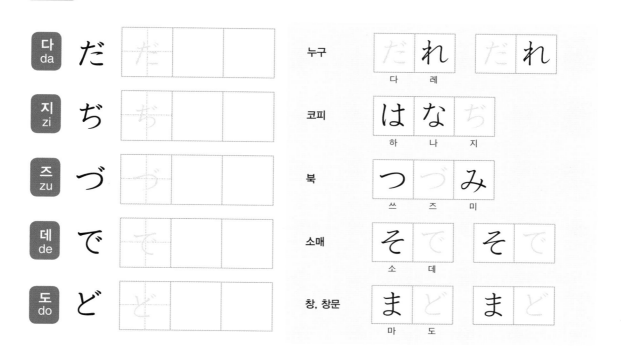

다 da	だ				누구	だ れ	だ れ
지 zi	ぢ				코피	は な ぢ
즈 zu	づ				북	つ づ み
데 de	で				소매	そ で	そ で
도 do	ど				창, 창문	ま ど	ま ど

ば행	**발음**	**ば**[ba]행은 우리말의 **바 비 부 베 보**처럼 발음합니다. 단, **ぶ**[bu]는 입술을 둥글게 하여 발음하지 않도록 합니다.

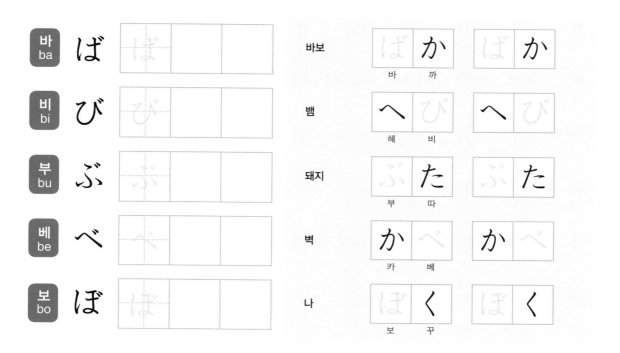

바 ba	ば				바보	ば か	ば か
비 bi	び				뱀	へ び	へ び
부 bu	ぶ				돼지	ぶ た	ぶ た
베 be	べ				벽	か べ	か べ
보 bo	ぼ				나	ぼ く	ぼ く

ぱ행 **발음** 반탁음 **ぱ**[pa]행은 우리말의 **ㅍ**과 **ㅃ**의 중간음으로 단어의 첫머리에 올 경우에는 **ㅍ**에 가깝게 발음하고 단어의 중간이나 끝에 올 때는 **ㅃ**에 가깝게 발음합니다.

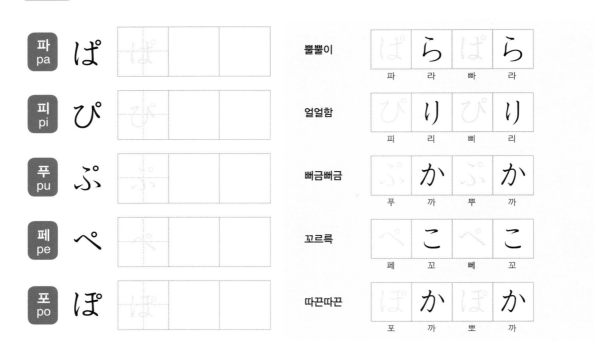

파 pa	ぱ	ぱ	
피 pi	ぴ	ぴ	
푸 pu	ぷ	ぷ	
페 pe	ぺ	ぺ	
포 po	ぽ	ぽ	

뿔뿔이 　ぱ ら ぱ ら
　　　　　파 라 빠 라

얼얼함 　ぴ り ぴ り
　　　　　피 리 삐 리

뻐금뻐금 ぷ か ぷ か
　　　　　푸 까 뿌 까

꼬르륵 　ぺ こ ぺ こ
　　　　　페 꼬 뻬 꼬

따끈따끈 ぽ か ぽ か
　　　　　포 까 뽀 까

✏️ **한글 발음을 보고 빈칸에 알맞은 히라가나를 써넣으세요.**

부 따 ／ [ ] た

카 제 ／ か [ ]

니 지 ／ に [ ]

페 꼬 뻬 꼬 ／ [ ] こ [ ] こ

하 나 지 ／ は な [ ]

46

04. 요음

요음拗音(ようおん)이란 **い**단 글자 중 자음인 **きしちにひみりぎじびぴ**에 반모음의 작은 글자 **やゆよ**를 붙인 음을 말합니다. 따라서 **やゆよ**는 우리말의 **ㅑㅠㅛ** 같은 역할을 합니다.

	～や	～ゆ	～よ
きゃ행	きゃ kya / 캬	きゅ kyu / 큐	きょ kyo / 쿄
しゃ행	しゃ sya(sha) / 샤	しゅ syu(shu) / 슈	しょ syo(sho) / 쇼
ちゃ행	ちゃ cha / 챠	ちゅ chu / 츄	ちょ cho / 쵸
にゃ행	にゃ nya / 냐	にゅ nyu / 뉴	にょ nyo / 뇨
ひゃ행	ひゃ hya / 햐	ひゅ hyu / 휴	ひょ hyo / 효
みゃ행	みゃ mya / 먀	みゅ myu / 뮤	みょ myo / 묘
りゃ행	りゃ rya / 랴	りゅ ryu / 류	りょ ryo / 료
ぎゃ행	ぎゃ gya / 갸	ぎゅ gyu / 규	ぎょ gyo / 교
じゃ행	じゃ zya(ja) / 쟈	じゅ zyu(ju) / 쥬	じょ zyo(jo) / 죠
びゃ행	びゃ bya / 뱌	びゅ byu / 뷰	びょ byo / 뵤
ぴゃ행	ぴゃ pya / 퍄	ぴゅ pyu / 퓨	ぴょ pyo / 표

きゃ행 발음 **きゃ[kya]**행은 단어의 첫머리에서는 **캬 큐 쿄**로 발음합니다. 그러나 단어의 중간이나 끝에서는 **꺄 뀨 꾜**로 강하게 발음합니다.

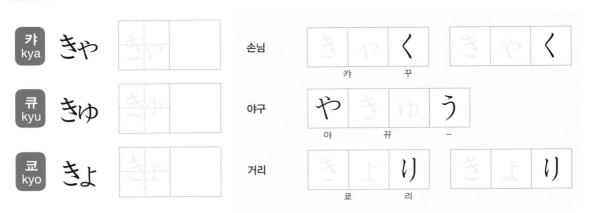

캬 kya	きゃ		손님
큐 kyu	きゅ		야구
쿄 kyo	きょ		거리

しゃ행 발음 **しゃ[sya]**행은 우리말의 **샤 슈 쇼**처럼 발음하며, 로마자로 표기할 때는 **sya syu syo**와 **sha shu sho** 두 가지로 합니다.

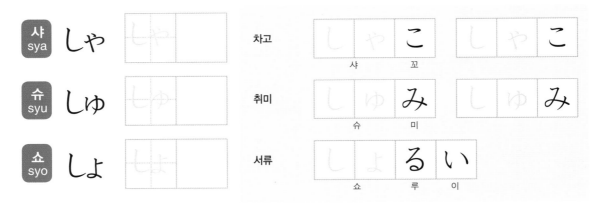

샤 sya	しゃ		차고
슈 syu	しゅ		취미
쇼 syo	しょ		서류

ちゃ행 발음 **ちゃ[cha]**행은 단어의 첫머리에서는 **챠 츄 쵸**로 발음하지만, 단어의 중간이나 끝에서는 강한 소리인 **쨔 쮸 쬬**로 발음합니다.

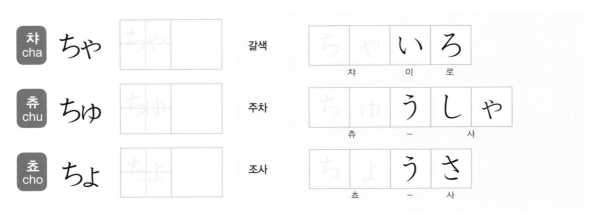

챠 cha	ちゃ		갈색
츄 chu	ちゅ		주차
쵸 cho	ちょ		조사

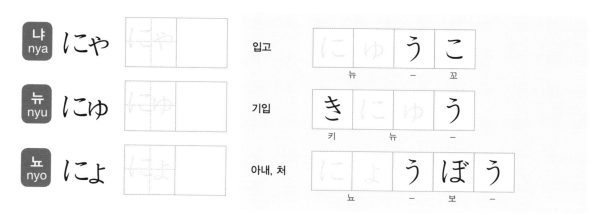

| にゃ행 | 발음 | にゃ[nya]행은 우리말의 **냐 뉴 뇨**처럼 발음하며, 우리말에서는 단어의 첫머리에 오면 **야 유 요**로 발음하지만 일본어에서는 그렇지 않습니다. |

냐 nya **にゃ** にゃ
뉴 nyu **にゅ** にゅ
뇨 nyo **にょ** によ

입고 **にゅうこ**
뉴 ― 꼬

기입 **きにゅう**
키 뉴 ―

아내, 처 **にょうぼう**
뇨 ― 보 ―

✏ **한글 발음을 보고 빈칸에 알맞은 히라가나를 써넣으세요.**

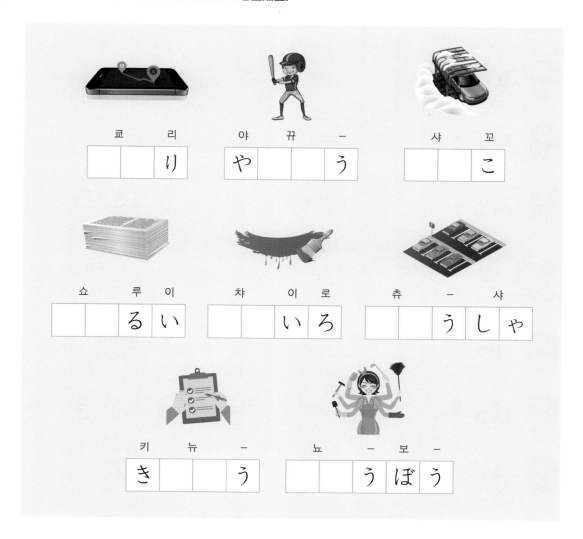

교 리 **□□り**

야 뀨 ― **や□□う**

샤 꼬 **□□こ**

쇼 루 이 **□□るい**

챠 이 로 **□□いろ**

츄 ― 샤 **□□うしゃ**

키 뉴 ― **き□□う**

뇨 ― 보 ― **□□うぼう**

49

ひゃ행	발음	**ひゃ[hya]**행은 우리말의 **햐 휴 효**처럼 발음하며, 발음이 힘들다고 하여 **하 후 호**로 발음하지 않도록 주의합니다.	

햐 hya	ひゃ	ひゃ		백, 100	ひゃく (하 꾸)	ひゃく
휴 hyu	ひゅ	ひゅ		평가	ひょうか (효 - 까)	
효 hyo	ひょ	ひょ		대표	だいひょう (다 이 효 -)	

みゃ행	발음	**みゃ[mya]**행은 우리말의 **먀 뮤 묘**처럼 발음하며, 발음하기 힘들다고 **마 무 모**로 발음하지 않도록 주의합니다.	

먀 mya	みゃ	みゃ		산맥	さんみゃく (삼 먀 꾸)
뮤 myu	みゅ	みゅ		묘미	みょうみ (묘 - 미)
묘 myo	みょ	みょ		내일	みょうにち (묘 - 니 찌)

りゃ행	발음	**りゃ[rya]**행은 우리말의 **랴 류 료**처럼 발음하며, 단어의 첫머리에 오더라도 **야 유 요**로 발음하지 않도록 합니다.	

랴 rya	りゃ	りゃ		약도	りゃくず (랴 꾸 즈)
류 ryu	りゅ	りゅ		유역	りゅういき (류 - 이 끼)
료 ryo	りょ	りょ		여행	りょこう (료 꼬 -)

발음 ぎゃ[gya]행은 きゃ[kya]행에 탁음이 붙은 것으로 우리말의 **갸 규 교**처럼 발음합니다. 단, 단어의 첫머리에서는 유성음으로 발음합니다.

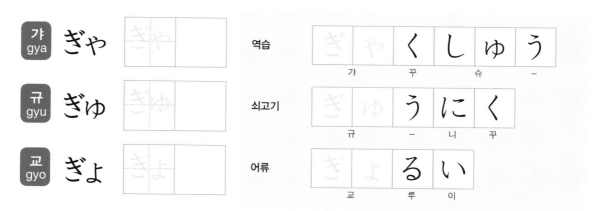

갸 gya	ぎゃ	ぎゃ		역습	ぎ	ゃ	く	し	ゅ	う

역습: 갸 꾸 슈 –

쇠고기: ぎ ゅ う に く
규 – 니 꾸

어류: ぎ ょ る い
교 루 이

규
gyu ぎゅ ぎゅ

교
gyo ぎょ ぎょ

✏️ **한글 발음을 보고 빈칸에 알맞은 히라가나를 써넣으세요.**

		く

햐 꾸

だ	い			う

다 이 효 –

さ	ん			く

삼 먀 꾸

		う	に	ち

묘 – 니 찌

		く	ず

랴 꾸 즈

		こ	う

료 꼬 –

		う	に	く

규 – 니 꾸

		る	い

교 루 이

じゃ행 발음 **じゃ[zya]**행은 우리말의 **쟈 쥬 죠**처럼 발음합니다. 참고로 **ぢゃ**행은 **じゃ**행과 발음이 동일하여 현대어에서는 거의 쓰이지 않습니다.

쟈 zya じゃ

수도꼭지

じ	ゃ	ぐ	ち
쟈		구	찌

쥬 zyu じゅ

노숙

の	じ	ゅ	く
노	쥬		꾸

죠 zyo じょ

여성

じ	ょ	せ	い
죠		세	―

びゃ행 발음 **びゃ[bya]**행은 **ひゃ[hya]**행에 탁음이 붙은 것으로 우리말의 **뱌 뷰 뵤**처럼 발음합니다. **바 부 보**로 발음하지 않도록 주의합니다.

뱌 bya びゃ

삼백

さ	ん	び	ゃ	く
삼		뱌		꾸

뷰 byu びゅ

오류

ご	び	ゅ	う
고	뷰		―

뵤 byo びょ

병, 아픔

び	ょ	う	き
뵤		―	끼

ぴゃ행 발음 **ぴゃ[pya]**행은 단어의 첫머리에서는 **퍄 퓨 표**로 발음하지만, 단어의 중간이나 끝에서는 **뺘 쀼 뾰**로 강하게 발음합니다.

퍄 pya ぴゃ

육백, 600

ろ	っ	ぴ	ゃ	く
	롭	뺘		꾸

퓨 pyu ぴゅ

팔백, 800

は	っ	ぴ	ゃ	く
	합	뺘		꾸

표 pyo ぴょ

촌평, 단평

す	ん	ぴ	ょ	う
	슨	뾰		―

✏️ 한글 발음을 보고 빈칸에 알맞은 히라가나를 써넣으세요.

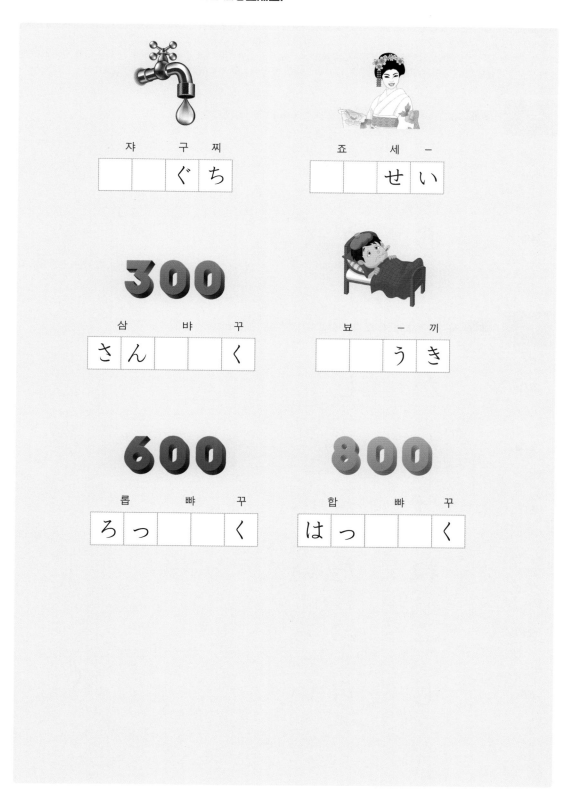

쟈	구	찌
	ぐ	ち

죠	세	―
	せ	い

300

삼	뱌	꾸
さ	ん		く

뵤	―	끼
	う	き

600

롭	빠	꾸
ろ	っ		く

800

합	빠	꾸
は	っ		く

05. 하네루 음

하네루(はねる) 음이란 오십음도의 마지막 글자인 **ん**을 말합니다. **ん**은 단어의 첫머리에 올 수 없으며 항상 다른 글자 뒤에 쓰여 우리말의 받침과 같은 구실을 합니다. 따라서 **ん** 다음에 오는 글자의 영향에 따라 우리말의 **ㄴ(n)** **ㅁ(m)** **ㅇ(ng)**으로 소리가 납니다.

ㅇ **발음** **ん** 다음에 **か が**행의 글자가 이어지면 **ㅇ(ng)**으로 발음합니다.

연기	え	ん	き						
	엥		끼						
음악	お	ん	が	く					
	옹		가	꾸					

ㄴ **발음** **ん** 다음에 **さ ざ た だ な ら**행의 글자가 이어지면 **ㄴ(n)**으로 발음합니다.

감시	か	ん	し						
	칸		시						
몇 시	な	ん	じ						
	난		지						
반대	は	ん	た	い					
	한		따	이					
연대	ね	ん	だ	い					
	넨		다	이					
오늘(날)	こ	ん	に	ち					
	콘		니	찌					
신뢰	し	ん	ら	い					
	신		라	이					

발음 ん 다음에 **ま ば ぱ**행의 글자가 이어지면 **ㅁ(m)**으로 발음합니다.

안마	あんま		
	암　마		

구경	けんぶつ		
	켐　부　쯔		

산책	さんぽ		
	삼　뽀		

발음 ん 다음에 **あ は や わ**행의 글자가 이어지면 **ㄴ(n)**과 **ㅇ(ng)**의 중간음으로 발음합니다. 또한 단어 끝에 **ん**이 와도 마찬가지입니다.

연애	れんあい		
	렝　아　이		

책방	ほんや		
	홍　야		

전화	でんわ		
	뎅　와		

일본	にほん		
	니　홍		

✏️ 한글 발음을 보고 빈칸에 알맞은 히라가나를 써넣으세요.

엥　끼
え　□　き

옹　가　꾸
お　□　が　く

칸　시
か　□　し

난　지
な　□　じ

한　따　이
は　□　た　□　い

콘　니　찌
こ　□　に　ち

암　마
あ　□　ま

삼　뽀
さ　□　ぽ

홍　야
ほ　□　や

뎅　와
で　□　わ

06. 촉음 ◇◇

촉음促音(そくおん)이란 막힌 소리의 하나로 **つまるおと**라고도 하며, 우리말의 받침과 같은 역할을 하는 것을 말합니다. 즉, 촉음은 **つ**를 작을 글자 **つ**로 표기하여 다른 글자 밑에서 받침으로만 씁니다. 이 촉음은 하나의 음절을 갖고 있으며 뒤에 오는 글자의 영향에 따라 우리말 받침의 **ㄱ ㅅ ㄷ ㅂ**으로 발음합니다.

ㄱ　**발음** 촉음인 **っ** 다음에 **か**행인 **か き く け こ**가 이어지면 **ㄱ(k)**으로 발음합니다.

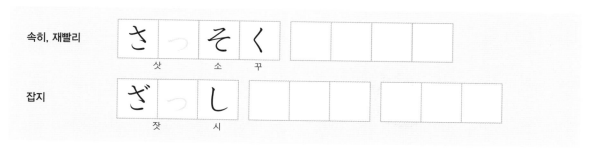

	け	っ	か						
결과	켁		까						
단숨	い	っ	き						
	익		끼						

ㅅ　**발음** 촉음인 **っ** 다음에 **さ**행인 **さ し す せ そ**가 이어지면 **ㅅ(s)**으로 발음합니다.

	さ	っ	そ	く							
속히, 재빨리	삿		소	꾸							
잡지	ざ	っ	し								
	잣		시								

ㅂ　**발음** 촉음인 **っ** 다음에 **ぱ**행인 **ぱ ぴ ぷ ぺ ぽ**가 이어지면 **ㅂ(b)**으로 발음합니다.

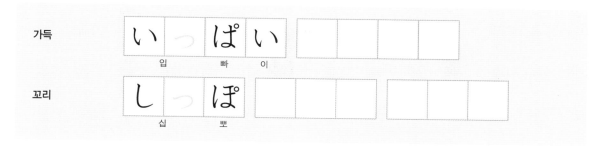

	い	っ	ぱ	い							
가득	입		빠	이							
꼬리	し	っ	ぽ								
	십		뽀								

57

ㄷ **발음** 촉음인 っ 다음에 **た**행인 **た ち つ て と**가 이어지면 **ㄷ(t)**으로 발음합니다.

우표

き	っ	て

킨 떼

남편

お	っ	と

옫 또

✏️ **한글 발음을 보고 빈칸에 알맞은 히라가나를 써넣으세요.**

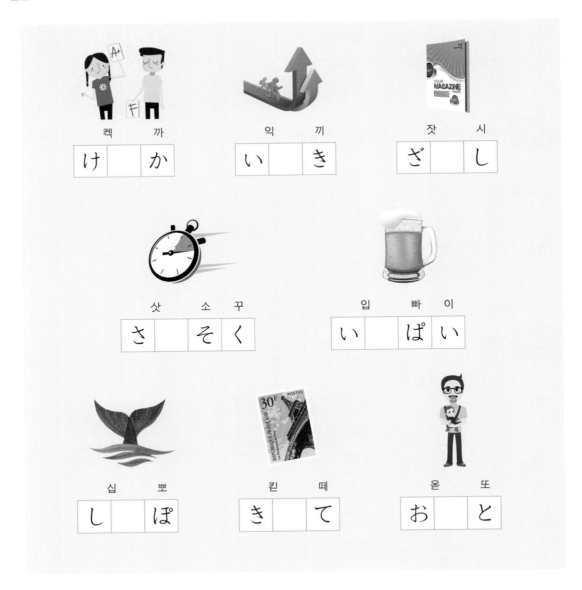

켁 까

け		か

익 끼

い		き

잣 시

ざ		し

삿 소 꾸

さ		そ	く

입 빠 이

い		ぱ	い

십 뽀

し		ぽ

킨 떼

き		て

옫 또

お		と

장음長音(ちょうおん)이란 같은 모음이 중복될 때 앞의 발음을 길게 발음하는 것을 말합니다. 우리말에서는 장음의 구별이 어렵지만 일본어에서는 이것을 확실히 구분하여 씁니다. 따라서 음의 장단에 따라 그 의미가 달라지므로 주의해야 합니다. 이 책의 우리말 장음 표기에서도 편의상 ━로 처리하였음을 일러둡니다.

あ　　**발음** **あ**단에 모음 **あ**가 이어질 경우 뒤의 모음인 **あ**는 장음이 됩니다.

어머니	お か あ さ ん
	오 까 ━ 상

할머니	お ば あ さ ん
	오 바 ━ 상

경우	ば あ い
	바 ━ 이

い　　**발음** **い**단에 모음 **い**가 이어질 경우 뒤의 모음인 **い**는 장음이 됩니다.

할아버지	お じ い さ ん
	오 지 ━ 상

형님	お に い さ ん
	오 니 ━ 상

노랗다	き い ろ い
	기 ━ 로 이

う 　발음　**う**단에 모음 **う**가 이어질 경우 뒤의 모음인 **う**는 장음이 됩니다.

공기
く	う	き
쿠	-	끼

주위
し	ゅ	う	い
	슈	-	이

부부
ふ	う	ふ
후	-	후

え 　발음　**え**단에 모음 **え**나 **い**가 이어질 경우 뒤의 모음인 **え い**는 장음이 됩니다.

언니, 누나
お	ね	え	さ	ん
오	네	-		상

영화
え	い	が
에	-	가

お 　발음　**お**단에 모음 **お**나 **う**가 이어질 경우 뒤의 모음인 **お う**는 장음이 됩니다.

얼음
こ	お	り
코	-	리

두부
と	う	ふ
토	-	후

아버지
お	と	う	さ	ん
오	또	-		상

✏️ **한글 발음을 보고 빈칸에 알맞은 히라가나를 써넣으세요.**

오 까 - 상
| お | か | | さ | ん |

오 바 - 상
| お | ば | | さ | ん |

오 지 - 상
| お | じ | | さ | ん |

오 니 - 상
| お | に | | さ | ん |

쿠 - 끼
| く | | き |

후 - 후
| ふ | | ふ |

오 네 - 상
| お | ね | | さ | ん |

에 - 가
| え | | が |

코 - 리
| こ | | り |

오 또 - 상
| お | と | | さ | ん |

만만하게 시작하는 히라가나 일본어 첫걸음

PART 2

카타카나 쓰면서 익히기

01. 청음(오십음도)

청음이란 목의 저항을 거치지 않고 내는 맑은 소리로, 아래의 오십음도 표에 나와 있는 5단 10행의 46자를 말합니다. 단은 모음에 의해 나누어진 세로 표, 행은 자음에 의해 나누어진 가로 표를 말하며, 여기서 **ア イ ウ エ オ**는 모음, **ヤ ユ ヨ**는 반모음이며 나머지는 자음입니다. 이처럼 일본어 문자는 자음과 모음을 결합해서 쓰는 우리 한글과는 달리 하나의 글자가 자음과 모음을 다 가지고 있습니다. *카타카나カタカナ는 주로 외래어 표기에 사용됩니다.

	ア단	イ단	ウ단	エ단	オ단
ア행	ア 아 (a)	イ 이 (i)	ウ 우 (u)	エ 에 (e)	オ 오 (o)
カ행	カ 카 (ka)	キ 키 (ki)	ク 쿠 (ku)	ケ 케 (ke)	コ 코 (ko)
サ행	サ 사 (sa)	シ 시 (si)	ス 스 (su)	セ 세 (se)	ソ 소 (so)
タ행	タ 타 (ta)	チ 치 (chi)	ツ 츠 (tsu)	テ 테 (te)	ト 토 (to)
ナ행	ナ 나 (na)	二 니 (ni)	ヌ 누 (nu)	ネ 네 (ne)	ノ 노 (no)
ハ행	ハ 하 (ha)	ヒ 히 (hi)	フ 후 (hu)	ヘ 헤 (he)	ホ 호 (ho)
マ행	マ 마 (ma)	ミ 미 (mi)	ム 무 (mu)	メ 메 (me)	モ 모 (mo)
ヤ행	ヤ 야 (ya)		ユ 유 (yu)		ヨ 요 (yo)
ラ행	ラ 라 (ra)	リ 리 (ri)	ル 루 (ru)	レ 레 (re)	ロ 로 (ro)
ワ행	ワ 와 (wa)				ヲ 오 (o)
	ン 응 (n,m,ng))				

64

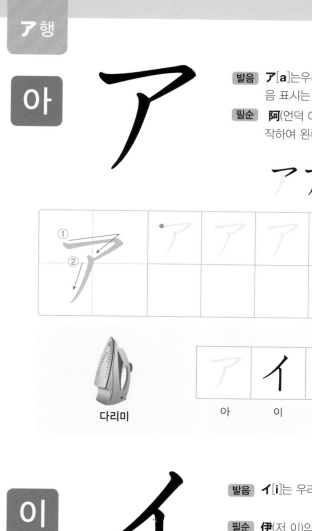

아 **ア**

발음 **ア**[a]는우리말의 **아**와 거의 동일하게 발음합니다. *카타카나의 장음 표시는 ー로 합니다.

필순 **阿**(언덕 아)의 왼쪽 부분을 따서 만든 글자로 세로선은 중심에서 시작하여 왼쪽으로 치우치게 합니다.

다리미

ア	イ	ロ	ン
아	이	롱	

이 **イ**

발음 **イ**[i]는 우리말의 **이**와 거의 동일하게 발음합니다.

필순 **伊**(저 이)의 왼쪽 부분을 따서 만든 글자로 세로선은 중심에서 시작하며 끝 부분은 확실히 멈춥니다.

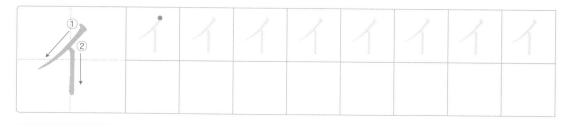

마이크

マ	イ	ク
마	이	꾸

우 **ウ**

발음 **ウ[u]**는 우리말의 **우**와 **으**의 중간음으로 입술이 앞으로 튀어나오지 않도록 발음합니다.

필순 **宇**(집 우)의 머리 부분을 따서 만든 글자로 왼쪽 가로선과 오른쪽 가로선의 길이에 주의하며 안쪽으로 기울여 씁니다.

웨하스

우 에 하 - 스

에 **エ**

발음 **エ[e]**는 우리말의 **에**와 **애**의 중간음으로 발음합니다.

필순 **江**(물 강)의 오른쪽 부분을 따서 만든 글자로 위와 아래의 선 길이에 주의합니다.

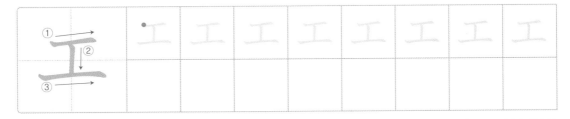

에이프런

에 뿌 롱

| 오 | 才 |

발음 才[o]는 우리말의 **오**와 거의 동일하게 발음합니다.

필순 於(어조사 어)의 왼쪽 부분을 따서 만든 글자로 세로선은 중앙에서 약간 오른쪽에 중심을 둡니다.

一 才 才

| オ | レ | ン | ジ |
| 오 | 렌 | | 지 |

오렌지

✏️ **한글 발음을 보고 빈칸에 알맞은 카타카나를 써넣으세요.**

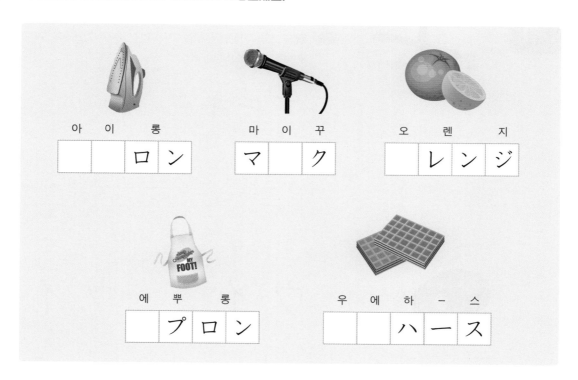

| 아 | 이 | 롱 |
| | | ロ | ン |

| 마 | 이 | 꾸 |
| マ | | ク |

| 오 | 렌 | | 지 |
| | | レ | ン | ジ |

| 에 | 뿌 | 롱 |
| | プ | ロ | ン |

| 우 | 에 | 하 | ー | 스 |
| | | ハ | ー | ス |

67

カ행

카

カ

발음　**カ[ka]**는 **가**와 **카**의 중간음으로 단어의 첫음절이 아닌 중간이나 끝에 오면 **까**에 가깝게 발음합니다.

필순　**加**(더할 가)의 왼쪽 부분을 따서 만든 글자로 왼쪽과 오른쪽의 경사는 평행을 이루게 합니다.

ㄱ カ

カ　メ　ラ
카　메　라

카메라

키

キ

발음　**キ[ki]**는 우리말의 **기**와 **키**의 중간음으로 첫음절이 아닌 단어의 중간이나 끝에 오면 **끼**에 가깝게 발음합니다.

필순　**幾**(몇 기)의 가운데 부분을 따서 만든 글자로 가로선은 오른쪽 위로 올리며 길이에 주의합니다.

キ ニ キ

키위

キ　ウ　イ
키　우　이

쿠

> **발음** **ク**[ku]는 우리말의 **구**와 **쿠**의 중간음으로 단어의 첫음절이 아닌 중간이나 끝에 오면 **꾸**에 가깝게 발음합니다.

> **필순** **久**(오랠 구)의 왼쪽 부분을 따서 만든 글자로 오른쪽의 경사를 왼쪽보다 길게 내립니다

ク ク

크리스마스

ク	リ	ス	マ	ス
쿠	리	스	마	스

케 **ケ**

> **발음** **ケ**[ke]는 우리말의 **게**와 **케**의 중간음으로 단어 중간이나 끝에 오면 **께**에 가깝게 발음합니다.

> **필순** **介**(끼일 개)의 한 획을 줄여 만든 글자로 3획은 2획의 거의 중앙에서 시작하여 왼쪽으로 기울어지게 합니다.

ケ ケ ケ

케이크

ケ	ー	キ
케	ー	끼

ケ	ー	キ

발음 **ク[ko]**는 우리말의 **고**와 **코**의 중간음으로 단어 중간이나 끝에 오면 **꼬**에 가깝게 발음합니다.

필순 **己**(자기 기)의 윗부분을 따서 만든 글자로 오른쪽 세로선은 왼쪽으로 약간 기울입니다.

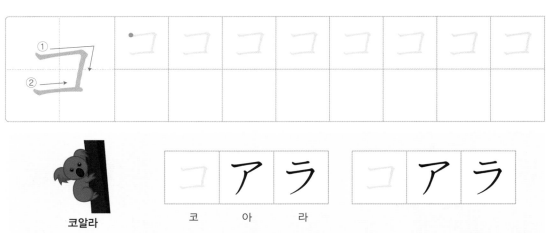

코알라

ク	ア	ラ

코　아　라

ク	ア	ラ

✏️ **한글 발음을 보고 빈칸에 알맞은 카타카나를 써넣으세요.**

키　우　이

코　아　라

		ラ

카　메　라

	メ	ラ

쿠 리 스 마 스

	リ	ス	マ	ス

케　ー　끼

	ー	

사 サ

> **발음** **サ**[sa]는 우리말의 **사**에 가까운 발음입니다.

> **필순** **散**(흩어질 산)의 왼쪽 윗부분을 따서 만든 글자로 오른쪽 세로선은 안쪽으로 기울이며 왼쪽선보다 길게 내려씁니다.

ー サ サ

샐러드

サ	ラ	ダ
사	라	다

시 シ

> **발음** **シ**[shi]는 우리말의 **쉬**에 가까운 **시** 발음입니다.

> **필순** **之**(갈 지)를 변형해서 만든 글자로 점은 아랫부분보다 오른쪽에 두며 3획은 아래에서 위로 올려씁니다.

シ シ シ

시소

シ	ー	ソ	ー
시	–	소	–

71

발음 ス[su]는 우리말의 **수**와 **스**의 중간음으로 **스**에 가깝게 발음합니다.

필순 須(모름지기 수)의 오른쪽 일부분을 따서 만든 글자로 아랫부분은 평행을 이루게 합니다.

슬리퍼

스 　 립 　 빠

발음 セ[se]는 우리말의 **세**와 비슷하게 발음합니다.

필순 世(인간 세)의 일부분을 따서 만든 글자로 가로선을 오른쪽 위로 약간 끌어올린 다음 안으로 꺾습니다.

스웨터

세 　 － 　 따 　 －

소 ソ

발음　ソ[so]는 우리말의 **소**와 비슷하게 발음합니다.

필순　**曾**(일찍 증)의 윗부분을 따서 만든 글자로 왼쪽과 오른쪽 사이를 넓게 떼며 출발점에 주의합니다.

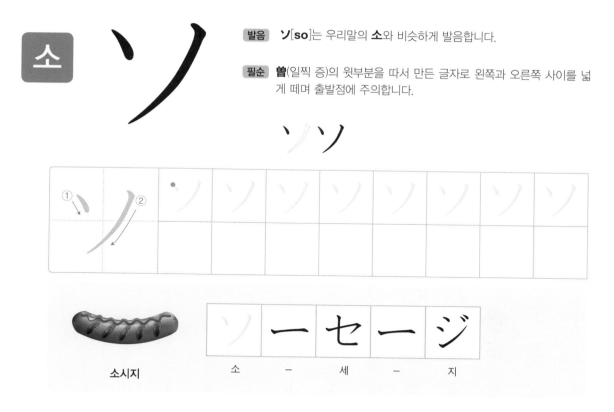

| ソ | ー | セ | ー | ジ |

소시지

소 － 세 － 지

✏️ **한글 발음을 보고 빈칸에 알맞은 카타카나를 써넣으세요.**

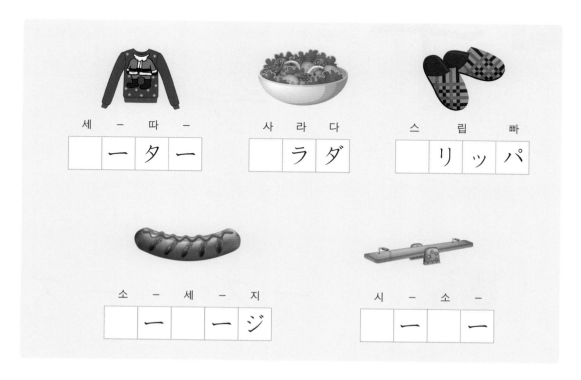

세 － 따 －

| | ー | タ | ー |

사 라 다

| | ラ | ダ |

스 립 빠

| | リ | ッ | パ |

소 － 세 － 지

| | ー | | ー | ジ |

시 － 소 －

| | ー | | ー |

73

夕행

타

발음 **夕**[ta]는 우리말의 **다**와 **타**의 중간음으로 단어의 첫음절이 아닌 중간이나 끝에 올 때는 **따**에 가깝게 발음합니다.

필순 **多**(많을 다)의 윗부분을 따서 만든 글자로 **ク**와 동일하게 하되 3획은 글자의 중앙에 오도록 합니다.

타월

타　오　루

치

발음 **チ**[chi]는 우리말의 **치**와 **찌**의 중간음으로 단어의 첫음절이 아닌 중간이나 끝에 올 때는 **찌**에 가깝게 발음합니다.

필순 **千**(일천 천)를 그대로 본떠서 만든 글자로 3획은 중심보다 약간 오른쪽으로 써내려 가되 왼쪽으로 꺾습니다.

치즈

치　ー　즈

발음 **ツ**[tsu]는 우리말의 **쓰, 쯔, 츠**의 복합적인 음으로 단어의 중간이나 끝에 올 때는 약간 된소리로 발음합니다.

필순 **川**(내 천)를 변형해서 만든 글자로 3획은 위에서 아래로 왼쪽으로 길게 내려쓰며 출발점에 주의합니다.

ツリー　ツリー

트리

츠　　리　　-

발음 **テ**[te]는 단어의 첫음절이 아닌 중간이나 끝에 올 때는 **떼**에 가깝게 발음합니다.

필순 **天**(하늘 천)의 왼쪽 부분을 변형해서 만든 글자로 가로선은 길이에 주의하며 세로선은 약간 왼쪽에서 써내려 갑니다.

텔레비전

테　레　비

ト

発音 **ト**[to]는 우리말의 **도**와 **토**의 중간음으로 단어의 첫음절이 아닌 중간이나 끝에 올 때는 **또**에 가깝게 발음합니다.

筆順 **止**(그칠 지)의 오른쪽 윗부분을 따서 만든 글자로 2획은 가로선의 약간 위쪽에서 시작합니다.

ト ト

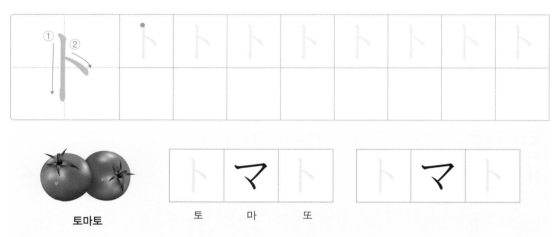

토마토

ト	マ	ト
토	마	또

ト	マ	ト

✏️ **한글 발음을 보고 빈칸에 알맞은 카타카나를 써넣으세요.**

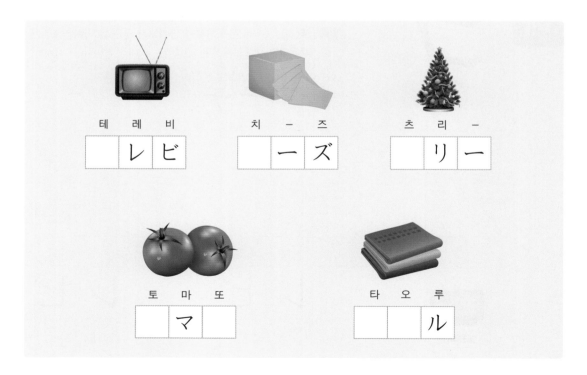

테 레 비
	レ	ビ

치 ― 즈
	―	ズ

츠 리 ―
	リ	―

토 마 또
	マ	

타 오 루
		ル

76

ナ

나

발음 ナ[na]는 우리말의 **나**와 거의 동일하게 발음합니다.

필순 奈(어찌 나)의 위쪽 한 분분을 따서 만든 글자로 세로선은 중심보다 오른쪽에서 시작하며 왼쪽으로 기울입니다.

ナ ナ

나이프

ナ	イ	フ
나	이	후

니

발음 ニ[ni]는 우리말의 **니**와 거의 동일하게 발음합니다.

필순 二(두 이)를 그대로 본떠서 만든 글자로 위아래의 길이에 주의하며 안쪽을 약간 굽힙니다.

二 二

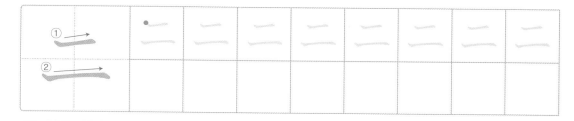

뉴스

ニ	ュ	ー	ス
뉴		ー	스

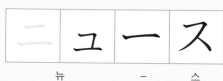

발음 ヌ[nu]는 우리말의 **누**와 거의 동일하게 발음합니다.

필순 **奴**(종 노)의 오른쪽 부분을 따서 만든 글자로 2획은 거의 중앙에 두며 위에서 아래로 내려씁니다.

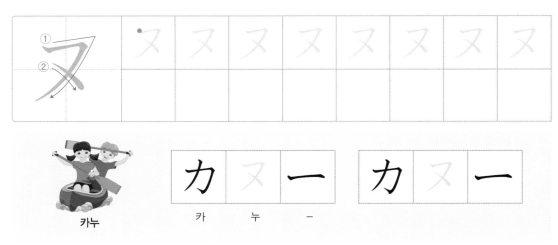

カヌー

카누

カ	ヌ	一
카	누	‒

발음 ネ[ne]는 우리말의 **네**와 거의 동일하게 발음합니다.

필순 **称**(일컬을 칭)의 왼쪽 부분을 따서 만든 글자로 4획은 글자에서 약간 뗍니다.

ネ ラ ネ ネ

넥타이

ネ	ク	タ	イ
네	꾸	따	이

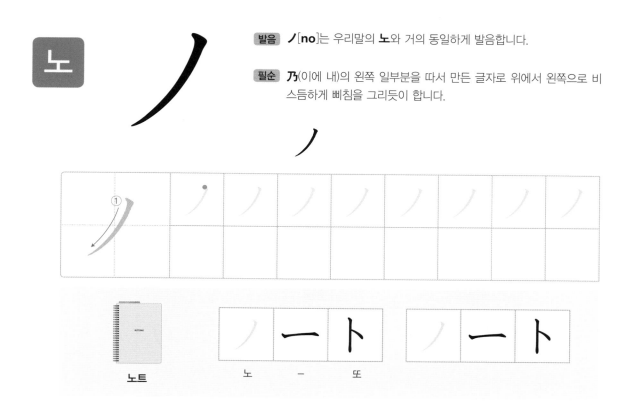

| 노 | ノ |

발음 ノ[no]는 우리말의 **노**와 거의 동일하게 발음합니다.

필순 乃(이에 내)의 왼쪽 일부분을 따서 만든 글자로 위에서 왼쪽으로 비스듬하게 삐침을 그리듯이 합니다.

ノ

노트

| ノ | 一 | ト |
노 – 또

| ノ | 一 | ト |

✏️ **한글 발음을 보고 빈칸에 알맞은 카타카나를 써넣으세요.**

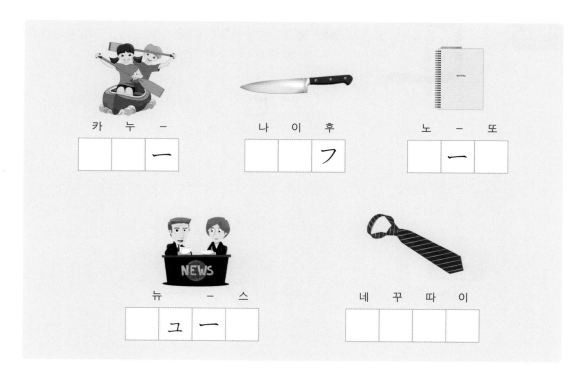

카 누 –

| | | 一 |

나 이 후

| | | フ |

노 – 또

| | 一 | |

뉴 – 스

| | ユ | 一 | |

네 꾸 따 이

| | | | |

ハ

하

발음 ハ[ha]는 우리말의 **하**와 거의 동일하게 발음합니다.

필순 八(여덟 팔)를 그대로 본떠서 만든 글자로 왼쪽과 오른쪽 사이를 넓게 둡니다.

ハ ハ

ハ ー モ ニ カ

하 － 모 니 까

하모니카

ヒ

히

발음 ヒ[hi]는 우리말의 **히**와 거의 동일하게 발음합니다.

필순 比(견줄 비)의 오른쪽 부분을 따서 만든 글자로 1획의 가로선은 약간 오른쪽 위에서 시작하여 아래로 내립니다.

ヒ ヒ

ヒ ー タ ー

히 － 따 －

히터

후

발음 フ[hu]는 우리말의 **후**와 거의 동일하게 발음합니다.

필순 **不**(아닐 부)의 왼쪽 윗부분을 따서 만든 글자로 꺾을 때는 왼쪽으로 과감하게 내려씁니다.

フ

포크

フ	オ	ー	ク
휘		–	꾸

헤

발음 ヘ[he]는 우리말의 **헤**와 거의 동일하게 발음합니다.

필순 **部**(거느릴 부)의 오른쪽 부분의 한 획을 따서 변형시킨 글자로 히라가나 ヘ보다 꺾는 부분을 각지게 합니다.

ヘ

헬리콥터

ヘ	リ	コ	プ	タ	ー
헤	리	꼬	뿌	따	–

발음 ホ[ho]는 우리말의 **호**와 거의 동일하게 발음합니다.

필순 **保**(지킬 보)의 오른쪽 아랫부분을 따서 만든 글자로 좌우의 점은 끝으로 갈수록 넓어지게 합니다.

ホ ナ オ ホ ホ

호스

ホ	ー	ス		ホ	ー	ス
호	―	스				

✏️ **한글 발음을 보고 빈칸에 알맞은 카타카나를 써넣으세요.**

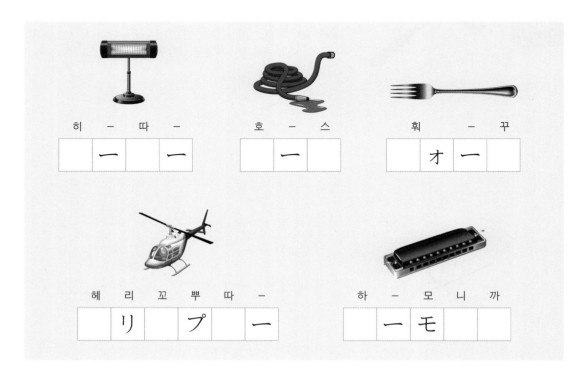

히 ― 따 ―

	ー		ー

호 ― 스

	ー	

휘 ― 꾸

	オ	ー

헤 리 꼬 뿌 따 ―

	リ		プ		ー

하 ― 모 니 까

	ー	モ		

마

マ

발음 マ[ma]는 우리말의 **마**와 거의 동일하게 발음합니다.

필순 万(일만 만)를 변형시켜 만든 글자로 2획의 점은 글자의 중심에 위치하며 위에서 아래로 내려씁니다.

머플러

マ　フ　ラ　ー
마　후　라　ー

미

ミ

발음 ミ[mi]는 우리말의 **미**와 거의 동일하게 발음합니다.

필순 三(석 삼)를 그대로 본떠 변형시킨 글자로 마지막 부분은 약간 길게 합니다.

밀크

ミ　ル　ク
미　루　꾸

ミ　ル　ク

발음 ㅿ[**mu**]는 우리말의 **무**와 거의 동일하게 발음합니다.

필순 牟(소우는소리 모)의 윗부분을 따서 만든 글자로 정삼각형으로 하되 마지막 획은 왼쪽과 세모지게 합니다.

햄

하 무

발음 メ[**me**]는 우리말의 **메**와 거의 동일하게 발음합니다.

필순 女(계집 녀)의 아랫부분을 따서 변형시킨 문자로 2획은 중심에서 교차시키며 점 아래는 약간 길게 합니다.

멜론

메 롱

발음 モ[mo]는 우리말의 **모**와 거의 동일하게 발음합니다.

필순 **毛**(터럭 모)의 1획을 삭제하여 변형시킨 글자로 가로선의 길이가 다르므로 주의합니다.

モ モ モ

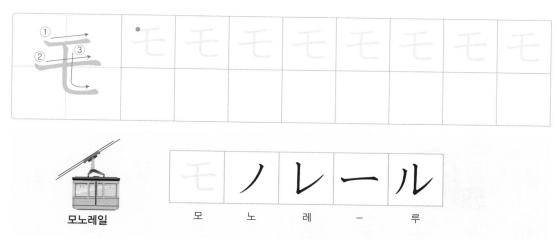

모노레일

モ	ノ	レ	ー	ル
모	노	레	―	루

✏️ **한글 발음을 보고 빈칸에 알맞은 카타카나를 써넣으세요.**

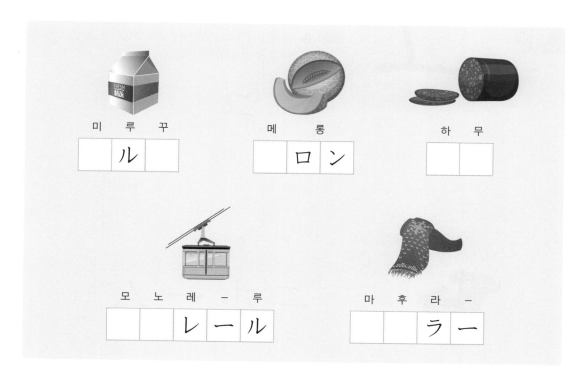

미 루 꾸

	ル	

메 롱

	ロ	ン

하 무

모 노 레 ― 루

		レ	ー	ル

마 후 라 ―

			ラ	ー

야 **ヤ**

발음   **ヤ**[**ya**]는 우리말의 **야**와 거의 동일하게 발음합니다.

필순   **也**(어조사 야)의 1획을 삭제하여 변형시킨 글자로 가로선을 위로 약
간 올린 다음 안쪽으로 꺾습니다.

타이어

타   이   야

유 **ユ**

발음   **ユ**[**yu**]는 우리말의 **유**와 거의 동일하게 발음합니다.

필순   **由**(말미암을 유)의 아랫부분을 따서 변형시킨 글자로 아랫부분은 약
간 위쪽으로 휘어지게 합니다.

유니폼

유   니   호   -   무

요 ヨ

발음 ヨ[yo]는 우리말의 요와 거의 동일하게 발음합니다.

필순 與(줄 여)의 오른쪽 윗부분을 따서 변형시킨 글자로 가로선의 간격은 거의 같게 하며 세로선은 왼쪽으로 약간 기울입니다.

ㄱ ㅋ ㅋ

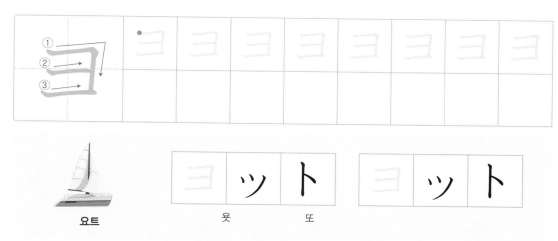

요트

ヨ	ッ	ト		ヨ	ッ	ト
욧		또				

✏️ **한글 발음을 보고 빈칸에 알맞은 카타카나를 써넣으세요.**

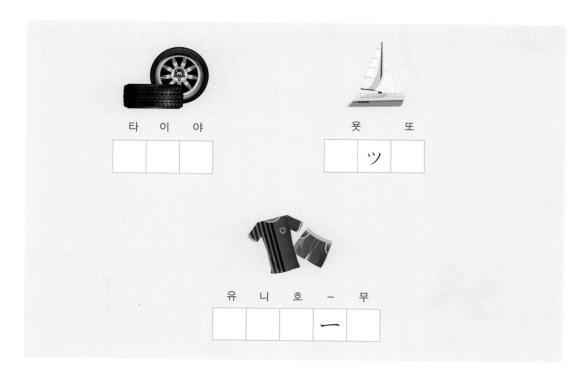

타 이 야

욧 또
| | ッ | |

유 니 호 ― 무
| | | | ― | |

라

발음 ラ[ra]는 우리말의 **라**처럼 발음하며, 단어의 첫머리에 오더라도 **나**로 변하지 않습니다.

필순 良(좋을 량)의 위쪽 일부분을 따서 변형시킨 글자로 가로선의 간격에 넓게 하지 않도록 주의합니다.

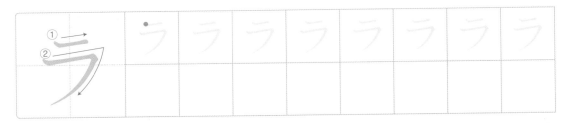

사자

라　이　　옹

리

발음 リ[ri]는 우리말의 **리**처럼 발음하며, 단어의 첫머리에 오더라도 **이**로 변하지 않습니다.

필순 利(이로울 리)의 오른쪽 부분을 따서 만든 글자로 1획에서 짧게 그린 다음 멈추고 2획은 빠르게 써내려 갑니다.

리본

리　봉

루

ル

발음 **ル[ru]**는 우리말의 **루**처럼 발음하며, 단어의 첫머리에 오더라도 **누**로 변하지 않습니다.

필순 **流**(흐를 류)의 오른쪽 아랫부분을 따서 변형시킨 글자로 세로선의 간격은 약간 넓히며 아래는 평행을 이루게 합니다.

ル ル

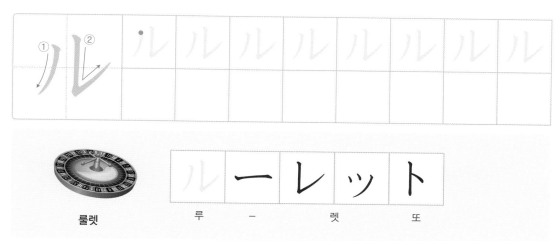

룰렛

ル	ー	レ	ッ	ト
루	-	렛		또

레

レ

발음 **レ[re]**는 우리말의 **레**처럼 발음하며, 단어의 첫머리에 오더라도 **네**로 변하지 않습니다.

필순 **礼**(예도 례)의 오른쪽 부분을 따서 만든 글자로 중심보다 왼쪽에서 시작하여 위로 끌어올립니다.

レ

레몬

レ	モ	ン
레	몽	

レ	モ	ン

발음 **ㅁ[ro]**는 우리말의 **로**처럼 발음하며, 단어의 첫머리에 오더라도 **노**로 변하지 않습니다.

필순 **몸**(음률 려)의 위쪽 부분을 따서 만든 글자로 세로선은 안쪽으로 기울입니다.

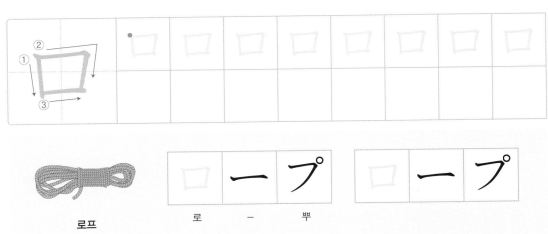

로프

로 ― 뿌

✎ **한글 발음을 보고 빈칸에 알맞은 카타카나를 써넣으세요.**

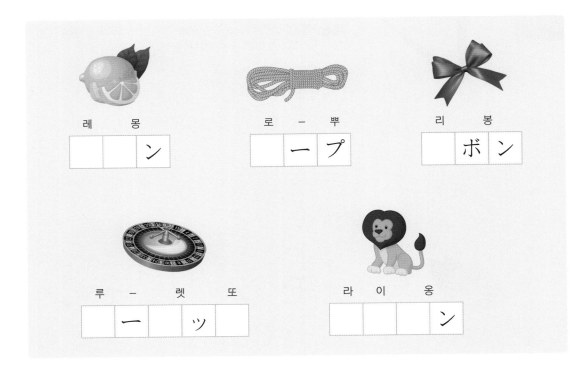

레 몽

로 ― 뿌

리 봉

루 ― 렛 또

라 이 옹

와 **ワ**

발음 **ワ**[wa]는 우리말의 **와**와 거의 동일하게 발음합니다.

필순 **和**(화할 화)의 오른쪽 부분의 1획을 삭제하여 변형시킨 글자로 오른쪽 선은 중심까지 끌어내립니다.

와이셔츠

ワ	イ	シ	ヤ	ツ
와	이		샤	쯔

오 **ヲ**

발음 **ヲ**[o]는 **ア**행의 **オ**와 발음이 같습니다. *카타카나 **ヲ**는 현대어에서 거의 쓰이지 않습니다.

필순 **乎**(어조사 호)의 일부분을 취해서 만든 글자로 오른쪽 선은 중심까지 왼쪽으로 길쭉하게 끌어내립니다.

이를 닦다

ハ	ヲ	ミ	ガ	ク
하	오	미	가	꾸

응

発音 ン[n, m, ng]은 다른 글자 밑에서 받침으로만 쓰이며 ㄴ, ㅁ, ㅇ 등
으로 발음합니다.

筆順 카타카나 レ를 변형시켜 만든 글자로 위쪽 점은 아래쪽 선의 중심
에 위치하며 2획은 아래에서 위로 올려씁니다.

펭귄

펭　　　　　깅

✏️ **한글 발음을 보고 빈칸에 알맞은 카타카나를 써넣으세요.**

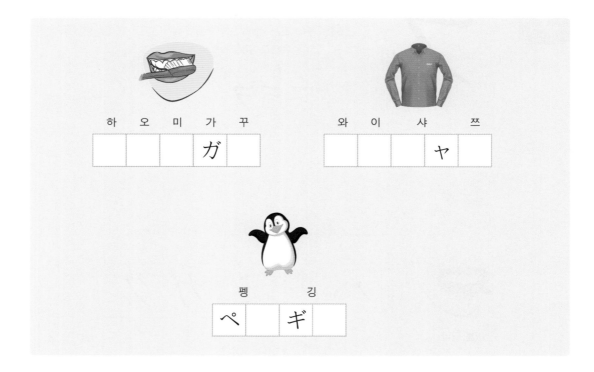

하	오	미	가	꾸
			ガ	

와	이	샤	쯔
		ヤ	

펭　　　　깅

ペ		ギ	

02. 탁음

탁음濁音이란 청음淸音에 비해 탁한 소리를 말하며, **カ サ タ ハ**행의 글자 오른쪽 윗부분에 탁점(゛)을 붙인 음을 말합니다. **ダ**행의 **ヂ ヅ**는 **ザ**행의 **ジ ズ**와 발음이 동일하여 현대어에는 특별한 경우 이외는 별로 쓰이지 않습니다.

	ア단	イ단	ウ단	エ단	オ단
ガ행	ガ 가 (ga)	ギ 기 (gi)	グ 구 (gu)	ゲ 게 (ge)	ゴ 고 (go)
ザ행	ザ 자 (za)	ジ 지 (zi)	ズ 즈 (zu)	ゼ 제 (ze)	ゾ 조 (zo)
ダ행	ダ 다 (da)	ヂ 지 (zi)	ヅ 즈 (zu)	デ 데 (de)	ド 도 (do)
バ행	バ 바 (ba)	ビ 비 (bi)	ブ 부 (bu)	ベ 베 (be)	ボ 보 (bo)

03. 반탁음

반탁음은 **ハ**행의 오른쪽 윗부분에 반탁점(゜)을 붙인 것을 말하며, 우리말의 ㅍ과 ㅃ의 중간음으로 단어의 첫머리에 올 경우에는 ㅍ에 가깝게 발음하고, 단어의 중간이나 끝에 올 때는 ㅃ에 가깝게 발음합니다.

	ア단	イ단	ウ단	エ단	オ단
パ행	パ 파 (pa)	ピ 피 (pi)	プ 푸 (pu)	ペ 페 (pe)	ポ 포 (po)

ガ행 발음 **ガ**[ga]행의 발음은 청음인 **カ**[ka]행의 발음과는 달리 단어의 첫머리나 단어의 끝, 또는 중간에 올 때도 마찬가지로 **가 기 구 게 고**로 발음하며 도쿄 지방에서는 콧소리로 발음합니다.

가 ga	ガ				가스	ガ 가	ス 스		ガ	ス
기 gi	ギ				기타	ギ 기	タ 따	ー ー		
구 gu	グ				그램	グ 구	ラ 라	ム 무		
게 ge	ゲ				게임	ゲ 게	ー ー	ム 무		
고 go	ゴ				골	ゴ 고	ー ー	ル 루		

ザ행 발음 **ザ**[za]행의 발음은 우리말에 없어서 정확히 발음하기 어렵지만 대체적으로 **자 지 즈 제 조**로 발음 하면 됩니다. 입 모양은 **サ**[sa]행과 동일합니다.

자 za	ザ				자일, 밧줄	ザ 자	イ 이	ル 루		
지 zi	ジ				지그재그	ジ 지	グ 구	ザ 자	グ 구
즈 zu	ズ				사이즈	サ 사	イ 이	ズ 즈		
제 ze	ゼ				제로, 영	ゼ 제	ロ 로		ゼ	ロ
조 zo	ゾ				졸라이즘	ゾ 조	ラ 라	イ 이	ズ 즈	ム 무

ダ행 　발음

ダ[da]행의 **ダ デ ド**는 우리말의 **다 데 도**로 발음하고, **ヂ ヅ**는 **ザ**행의 **ジ ズ**와 발음이 동일하며 우리말 **지 즈**로 발음합니다.

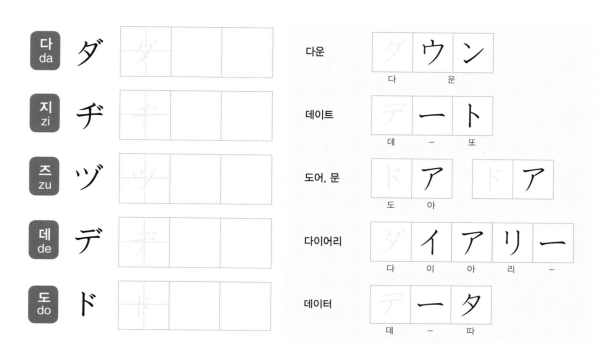

다 da	ダ		
지 zi	ヂ		
즈 zu	ヅ		
데 de	デ		
도 do	ド		

다운 — ダ ウ ン / 다 운

데이트 — デ ー ト / 데 − 또

도어, 문 — ド ア / 도 아　　ド ア

다이어리 — ダ イ ア リ ー / 다 이 아 리 −

데이터 — デ ー タ / 데 − 따

バ행 　발음

バ[ba]행은 우리말의 **바 비 부 베 보**처럼 발음합니다. 단, **ブ**[bu]는 입술을 둥글게 하여 발음하지 않도록 합니다.

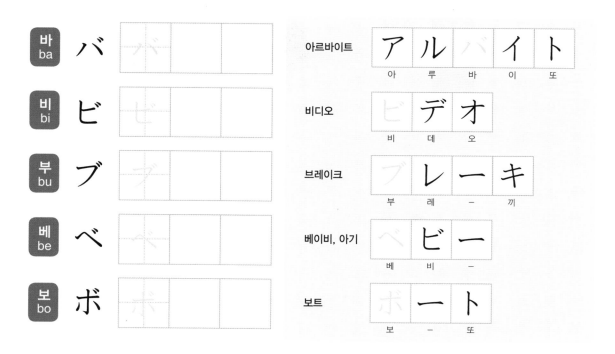

바 ba	バ		
비 bi	ビ		
부 bu	ブ		
베 be	ベ		
보 bo	ボ		

아르바이트 — ア ル バ イ ト / 아 루 바 이 또

비디오 — ビ デ オ / 비 데 오

브레이크 — ブ レ ー キ / 부 레 − 끼

베이비, 아기 — ベ ビ ー / 베 비 −

보트 — ボ ー ト / 보 − 또

パ행	발음

반탁음 **パ**[**pa**]행은 우리말의 **ㅍ**과 **ㅃ**의 중간음으로 단어의 첫머리에 올 경우에는 **ㅍ**에 가깝게 발음하고, 단어의 중간이나 끝에 올 때는 **ㅃ**에 가깝게 발음합니다.

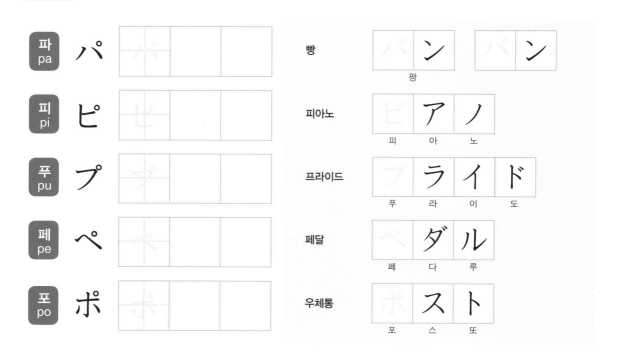

파 pa	パ
피 pi	ピ
푸 pu	プ
페 pe	ペ
포 po	ポ

빵 パ ン 　 パ ン
　 팡

피아노 ピ ア ノ
　 피 아 노

프라이드 プ ラ イ ド
　 푸 라 이 도

페달 ペ ダ ル
　 페 다 루

우체통 ポ ス ト
　 포 스 또

✏️ **한글 발음을 보고 빈칸에 알맞은 카타카나를 써넣으세요.**

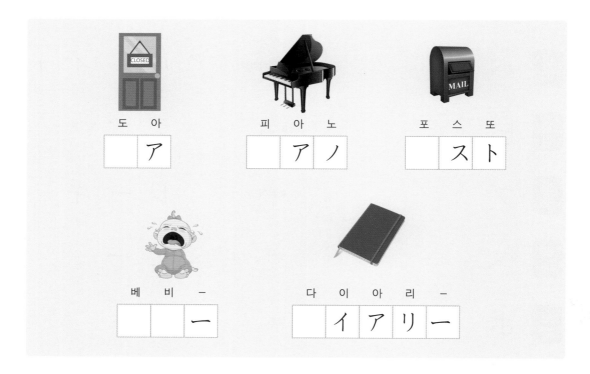

도 아
□ ア

피 아 노
□ ア ノ

포 스 또
□ ス ト

베 비 ー
□ □ ー

다 이 아 리 ー
□ イ ア リ ー

96

04. 요음

요음이란 **イ**단 글자 중 자음인 **キ シ チ ニ ヒ ミ リ ギ ジ ビ ピ**에 반모음의 작은 글자 **ヤ ユ ヨ**를 붙인 음을 말합니다. 따라서 **ヤ ユ ヨ**는 우리말의 **ㅑ ㅠ ㅛ** 같은 역할을 합니다.

	～ヤ	～ユ	～ヨ
キャ행	キャ kya / 캬	キュ kyu / 큐	キョ kyo / 쿄
シャ행	シャ sya(sha) / 샤	シュ syu(shu) / 슈	ショ syo(sho) / 쇼
チャ행	チャ cha / 챠	チュ chu / 츄	チョ cho /쵸
ニャ행	ニャ nya / 냐	ニュ nyu / 뉴	ニョ nyo / 뇨
ヒャ행	ヒャ hya / 햐	ヒュ hyu / 휴	ヒョ hyo / 효
ミャ행	ミャ mya / 먀	ミュ myu / 뮤	ミョ myo / 묘
リャ행	リャ rya / 랴	リュ ryu / 류	リョ ryo / 료
ギャ행	ギャ gya / 갸	ギュ gyu / 규	ギョ gyo / 교
ジャ행	ジャ zya(ja) / 쟈	ジュ zyu(ju) / 쥬	ジョ zyo(jo) / 죠
ビャ행	ビャ bya / 뱌	ビュ byu / 뷰	ビョ byo / 뵤
ピャ행	ピャ pya / 퍄	ピュ pyu / 퓨	ピョ pyo / 표

キャ행 발음 **キャ**[kya]행은 단어의 첫머리에서는 **캬 큐 쿄**로 발음합니다. 그러나 단어의 중간이나 끝에서는 **꺄 뀨 꾜**로 강하게 발음합니다.

캬 kya	キャ		캐리어, 경력	キ ャ リ ア
큐 kyu	キュ		쿠바	キ ュ ー バ
쿄 kyo	キョ		캐스트, 배역	キ ャ ス ト

シャ행 발음 **シャ**[sya]행은 우리말의 **샤 슈 쇼**처럼 발음하며, 로마자로 표기할 때는 **sya syu syo**와 **sha shu sho** 두 가지로 합니다.

샤 sya	シャ		샤프	シ ャ ー プ
슈 syu	シュ		슈거, 설탕	シ ュ ガ ー
쇼 syo	ショ		쇼, 구경거리	シ ョ ー シ ョ ー

チャ행 발음 **チャ**[cha]행은 단어의 첫머리에서는 **챠 츄 쵸**로 발음하지만, 단어의 중간이나 끝에서는 강한 소리인 **쨔 쮸 쬬**로 발음합니다.

챠 cha	チャ		차이나	チ ャ イ ナ
츄 chu	チュ		튜브	チ ュ ー ブ
쵸 cho	チョ		초이스, 선택	チ ョ イ ス

ニャ행 **발음** **ニャ[nya]**행은 우리말의 **냐 뉴 뇨**처럼 발음하며, 우리말에서는 단어의 첫머리에 오면 **야 유 요**로 발음하지만 일본어에서는 그렇지 않습니다.

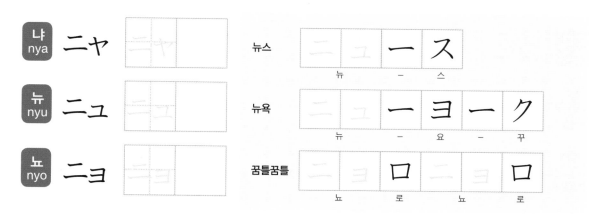

냐 nya	ニャ			뉴스	ニ ュ ー ス

뉴 nyu	ニュ			뉴욕	ニ ュ ー ヨ ー ク

뇨 nyo	ニョ			꿈틀꿈틀	ニ ョ ロ ニ ョ ロ

✐ **한글 발음을 보고 빈칸에 알맞은 카타카나를 써넣으세요.**

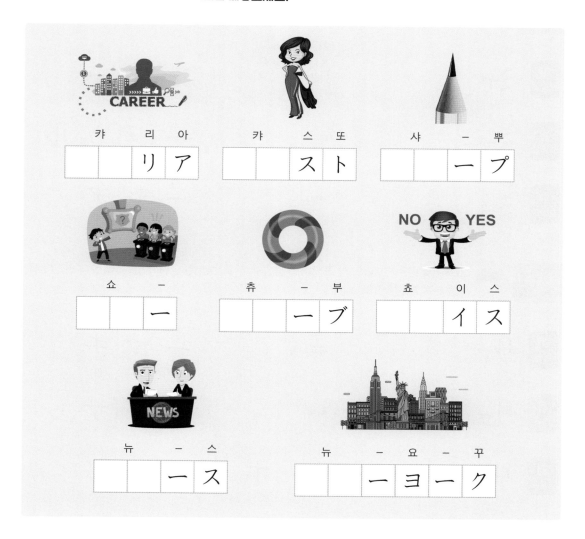

ヒャ행

발음 ヒャ[hya]행은 우리말의 **햐 휴 효**처럼 발음하며, 발음이 힘들다고 하여 **하 후 호**로 발음하지 않도록 주의합니다.

햐 hya	ヒャ	ヒャ		퓨즈	ヒ	ュ	ー	ズ	
					휴		-	즈	

휴 hyu	ヒュ	ヒュ		휴먼	ヒ	ュ	ー	マ	ン
					휴		-		망

휴머니스트 — ヒ ュ ー マ ニ ス ト
휴 ― 마 니 스 또

효 hyo — ヒョ

ミャ행

발음 ミャ[mya]행은 우리말의 **먀 뮤 묘**처럼 발음하며, 발음하기 힘들다고 **마 무 모**로 발음하지 않도록 주의합니다.

먀 mya	ミャ	ミャ	미얀마	ミ	ャ	ン	マ	ー
				먐			마	-

뮤지컬 — ミ ュ ー ジ カ ル
뮤 ― 지 까 루

박물관 — ミ ュ ー ジ ア ム
뮤 ― 지 아 무

뮤 myu — ミュ

묘 myo — ミョ

リャ행

발음 リャ[rya]행은 우리말의 **랴 류 료**처럼 발음하며, 우리말처럼 단어의 첫머리에 오더라도 **야 유 요**로 발음하지 않도록 주의합니다.

랴 rya	リャ	リャ	류머티즘	リ	ュ	ー	マ	チ
				류		-	마	찌

류색 — リ ュ ッ ク サ ッ ク
류 ― 꾸 삭 꾸

볼륨 — ボ リ ュ ー ム
보 류 ― 무

류 ryu — リュ

료 ryo — リョ

ギャ행 **발음** **ギャ[gya]**행은 **キャ[kya]**행에 탁음이 붙은 것으로 우리말의 **갸 규 교**처럼 발음합니다. 단, 단어의 첫머리에서는 유성음으로 발음합니다.

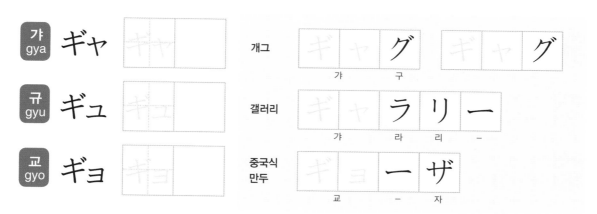

갸 gya	ギャ			개그	ギ	ャ	グ		ギ	ャ	グ
규 gyu	ギュ			갤러리	ギ	ャ	ラ	リ	ー
교 gyo	ギョ			중국식 만두	ギ	ョ	ー	ザ

✏️ **한글 발음을 보고 빈칸에 알맞은 카타카나를 써넣으세요.**

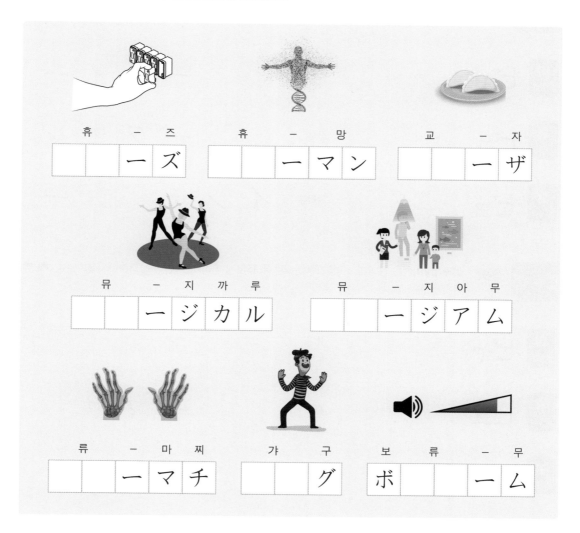

휴 - 즈 　　　휴 - 망 　　　교 - 자

| | | ー | ズ | 　　　| | | ー | マ | ン | 　　　| | | ー | ザ |

뮤 - 지 까 루 　　　뮤 - 지 아 무

| | | ー | ジ | カ | ル | 　　　| | | ー | ジ | ア | ム |

류 - 마 찌 　　　갸 구 　　　보 류 - 무

| | | ー | マ | チ | 　　　| | グ | 　　　ボ | | | ー | ム |

101

ジャ행 **발음** ジャ[zya]행은 우리말의 **쟈 쥬 죠**처럼 발음합니다. 참고로 **ヂャ**행은 ジャ행과 발음이 동일하여 현대어에서는 거의 쓰이지 않습니다.

쟈 zya — ジャ — 재즈 — ジャズ / ジャズ (쟈 즈)

쥬 zyu — ジュ — 주스 — ジュース (쥬 - 스)

죠 zyo — ジョ — 조크, 농담 — ジョーク (죠 - 꾸)

ビャ행 **발음** ビャ[bya]행은 ヒャ[hya]행에 탁음이 붙은 것으로 우리말의 **뱌 뷰 뵤**처럼 발음합니다. **바 부 보**로 발음하지 않도록 주의합니다.

뱌 bya — ビャ — 뷰티, 아름다움 — ビューティー (뷰 - 띠 -)

뷰 byu — ビュ — 뷰폰 — ビューフォン (뷰 - 훤)

뵤 byo — ビョ — 인터뷰 — インタビュー (인 따 뷰 -)

ピャ행 **발음** ピャ[pya]행은 단어의 첫머리에서는 **퍄 퓨 표**로 발음하지만, 단어의 중간이나 끝에서는 **뺘 쀼 뾰**로 강하게 발음합니다.

퍄 pya — ピャ — 퓨어, 순수함 — ピュア / ピュア (퓨 아)

퓨 pyu — ピュ — 퓨마 — ピューマ (퓨 - 마)

표 pyo — ピョ — 깡충깡충 — ピョンピョン (픔 뽕)

102

✎ **한글 발음을 보고 빈칸에 알맞은 카타카나를 써넣으세요.**

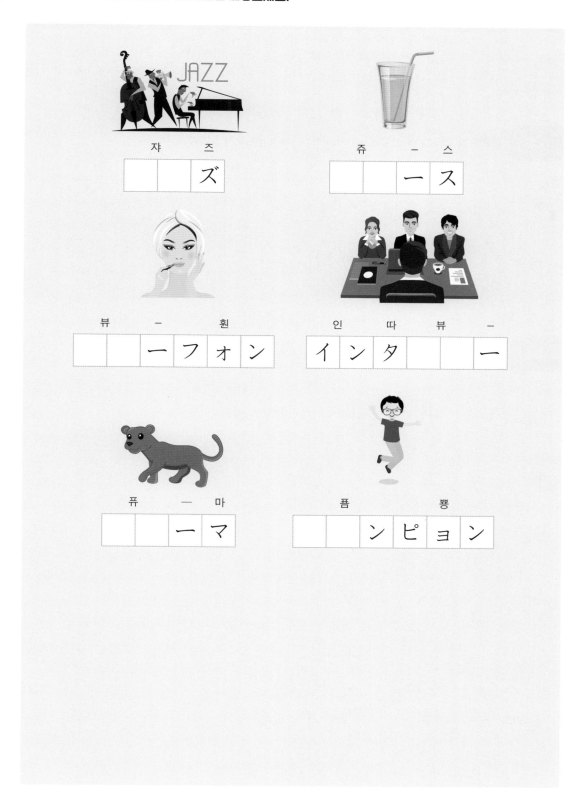

쟈　　즈

| | | ズ |

쥬　　ー　　스

| | | ー | ス |

뷰　　ー　　횐

| | | ー | フ | ォ | ン |

인　　따　　뷰　　ー

| イ | ン | タ | | | ー |

퓨　　ー　　마

| | | ー | マ |

폼　　　　뽕

| | | ン | ピ | ョ | ン |

05. 하네루 음 ◇◇

하네루 음(하츠옹)이란 오십음도의 마지막 글자인 **ン**을 말합니다. **ン**은 단어의 첫머리에 올 수 없으며 항상 다른 글자 뒤에 쓰여 우리말의 받침과 같은 구실을 합니다. 따라서 **ン** 다음에 오는 글자의 영향에 따라 우리말의 **ㄴ (n)** **ㅁ (m)** **ㅇ(ng)**으로 소리가 납니다.

ㅇ **발음** **ン** 다음에 **カ ガ**행의 글자가 이어지면 **ㅇ(ng)**으로 발음합니다.

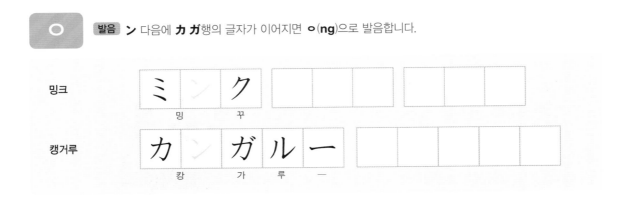

밍크

캥거루

ㄴ **발음** **ン** 다음에 **サ ザ タ ダ ナ ラ**행의 글자가 이어지면 **ㄴ(n)**으로 발음합니다.

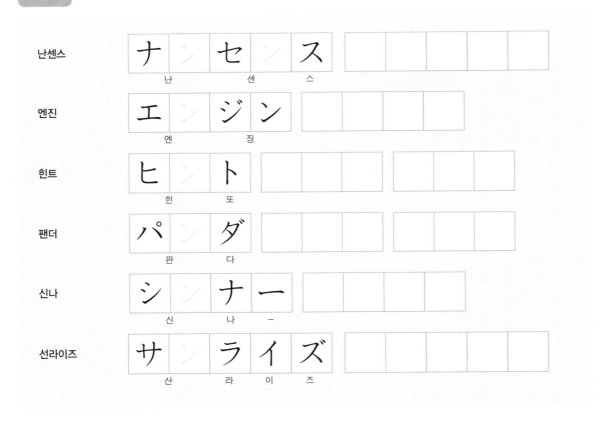

난센스

엔진

힌트

팬더

신나

선라이즈

ㅁ **발음** ン 다음에 **マ バ パ**행의 글자가 이어지면 **ㅁ(m)**으로 발음합니다.

햄버거	ハ	ン	バ	ー	グ
	함		바	ー	구

언밸런스	ア	ン	バ	ラ	ン	ス
	암		바	라	란	스

템포	テ	ン	ポ
	템		뽀

ㅇ **발음** ン 다음에 **ア ハ ヤ ワ**행의 글자가 이어지면 **ㄴ(n)**과 **ㅇ(ng)**의 중간음으로 발음합니다. 또한 단어 끝에 **ン**이 와도 마찬가지입니다.

온에어, 방송중	オ	ン	エ	ア
	옹		에	아

상하이	シ	ャ	ン	ハ	イ
		샹		하	이

온워드, 전진	オ	ン	ワ	ー	ド
	옹		와	ー	도

디자인	デ	ザ	イ	ン
	데	자		잉

✐ 한글 발음을 보고 빈칸에 알맞은 카타카나를 써넣으세요.

밍 꾸
| ミ | | ク |

캉 가 루 ー
| カ | | ガ | ル | ー |

엔 징
| エ | | ジ | |

힌 또
| ヒ | | ト |

판 다
| パ | | ダ |

신 나 ー
| シ | | ナ | ー |

함 바 ー 구
| ハ | | バ | ー | グ |

템 뽀
| テ | | ポ |

옹 에 아
| オ | | エ | ア |

데 자 잉
| デ | ザ | イ | |

06. 촉음 ◇◇

촉음이란 막힌 소리의 하나로 우리말의 받침과 같은 역할을 하는 것을 말합니다. 즉, 촉음은 **ツ**를 작을 글자 **ッ**로 표기하여 다른 글자 밑에서 받침으로만 쓰입니다. 이 촉음은 하나의 음절을 갖고 있으며 뒤에 오는 글자의 영향에 따라 우리말 받침의 **ㄱ ㅅ ㄷ ㅂ**으로 발음합니다.

ㄱ **발음** 촉음인 **ッ** 다음에 **カ**행인 **カ キ ク ケ コ**가 이어지면 **ㄱ(k)**으로 발음합니다.

쿠킹, 요리

ク	ッ	キ	ン	グ					
쿡		낑		구					

사커, 축구

サ	ッ	カ	ー				
삭		까	ー				

ㅅ **발음** 촉음인 **ッ** 다음에 **サ**행인 **サ シ ス セ ソ**가 이어지면 **ㅅ(s)**으로 발음합니다.

메시지

メ	ッ	セ	ー	ジ					
멧		세	ー	지					

쿠션

ク	ッ	シ	ョ	ン					
쿳		숑							

ㅂ **발음** 촉음인 **ッ** 다음에 **パ**행인 **パ ピ プ ペ ポ**가 이어지면 **ㅂ(b)**으로 발음합니다.

애플, 사과

ア	ッ	プ	ル				
압		뿌	루				

유럽

ヨ	ー	ロ	ッ	パ					
요	ー	롭		빠					

발음 촉음인 ッ 다음에 **夕**행인 **タ チ ツ テ ト**가 이어지면 **ㄷ(t)**으로 발음합니다.

히트	ヒ	ッ	ト						
	힏	또							

터치	タ	ッ	チ						
	탇	찌							

✏️ **한글 발음을 보고 빈칸에 알맞은 카타카나를 써넣으세요.**

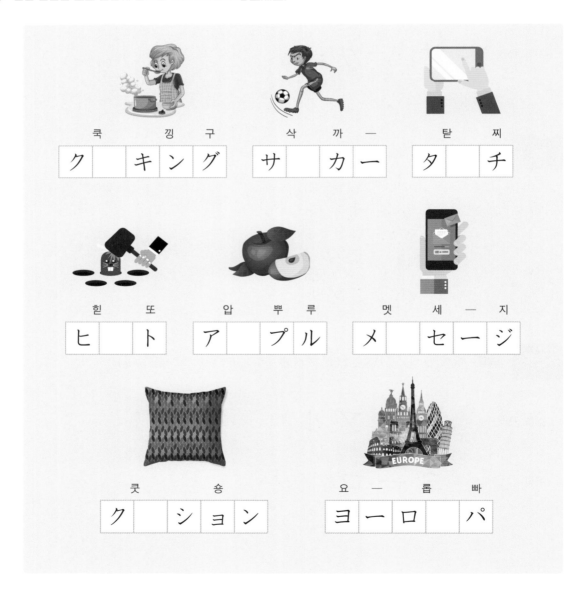

쿡 　 낑 구
ク 　 キ ン グ

삭 까 ー
サ 　 カ ー

탇 　 찌
タ 　 チ

힏 　 또
ヒ 　 ト

압 뿌 루
ア 　 プ ル

멛 세 ー 지
メ 　 セ ー ジ

쿳 숀
ク 　 シ ョ ン

요 ー 롭 빠
ヨ ー ロ パ

07. 장음 ◇◇

장음이란 같은 모음이 중복될 때 앞의 발음을 길게 발음하는 것을 말합니다. 우리말에서는 장음의 구별이 어렵지만 일본어에서는 이것을 확실히 구분하여 씁니다. 음의 장단에 따라 그 의미가 달라지므로 주의해야 하며, **カタカナ**에서는 장음부호를 ━로 표기합니다. 이 책의 우리말 장음 표기에서도 편의상 ━로 처리하였습니다.

ア　발음 **ア**단 다음에 장음 표시인 ━가 오면 앞 말의 **ア**음을 길게 발음합니다.

스커트

ス	カ	ー	ト				
스	까	━	또				

イ　발음 **イ**단 다음에 장음 표시인 ━가 오면 앞 말의 **イ**음을 길게 발음합니다.

택시

タ	ク	シ	ー				
타	꾸	시	━				

ウ　발음 **ウ**단 다음에 장음 표시인 ━가 오면 앞 말의 **ウ**음을 길게 발음합니다.

슈퍼

ス	ー	パ	ー				
스	━	빠	━				

エ　발음 **エ**단 다음에 장음 표시인 ━가 오면 앞 말의 **エ**음을 길게 발음합니다.

스웨터

セ	ー	タ	ー				
세	━	따	━				

케이크

ケ	ー	キ					
케	━	끼					

| オ | **발음** オ단 다음에 장음 표시인 ー가 오면 앞 말의 オ음을 길게 발음합니다. |

커피

コ	ー	ヒ	ー				
코	ー	히	ー				

✏️ **한글 발음을 보고 빈칸에 알맞은 카타카나를 써넣으세요.**

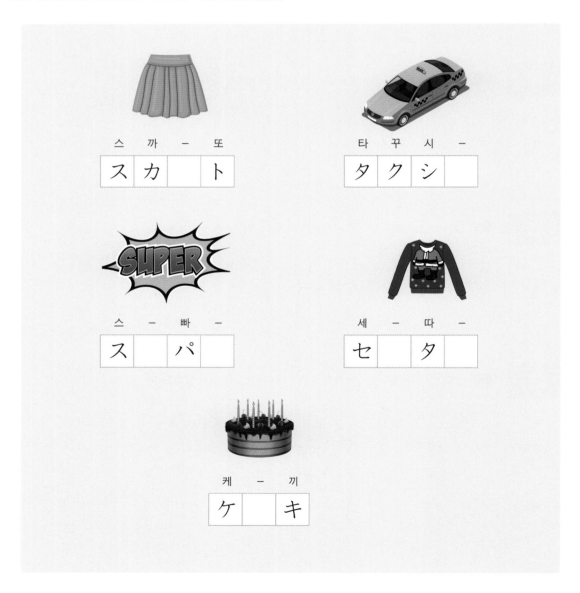

스 까 ー 또

ス	カ		ト

타 꾸 시 ー

タ	ク	シ	

스 ー 빠 ー

ス		パ	

세 ー 따 ー

セ		タ	

케 ー 끼

ケ		キ

● 외래어 표기법 ●

♣ 카타카나 장음은 장음부호 ―를 붙여서 표기합니다.

card	カード	카 – 도
cheese	チーズ	치 – 즈
case	ケース	케 – 스

♣ 외래어 **f-** 는 가타카나 **フ** 다음에 작은 글자 **ァ・ィ・ゥ・ェ・ォ**를 붙여서 표기합니다.

file	ファイル	화이루
film	フィルム	휘루무
form	フォーム	훠–무

♣ 외래어 **ti-**, **di-**는 **テ, デ**에 작은 글자 **ィ**를 붙여 **ティ, ディ**로 표기합니다.

tea	ティー	티 –
building	ビルディング	비루딩구

만만하게 시작하는 히라가나 일본어 첫걸음

PART 3

주제별로
단어
의히기

과일에는...

꽃에는...

학교에는..

야채에는..

① **わたし** [와따시] 나, 저

② **あなた** [아나따] 당신

③ **かのじょ** [카노죠] 그녀

④ **かれ** [카레] 그, 그이

⑤ **このひと** [고노히또] 이 사람

⑥ **あのひと** [아노히또] 저 사람

⑦ **これ** [고레] 이것

⑧ **あれ** [아레] 저것

⑨ **ぼく** [보꾸] 나

(わたし는 여성이 쓰는 '나' 이고 ぼく는 남성이 쓰는 '나' 이다. 여성이 ぼく를 쓸 때도 있는데 이때는 거칠게 표현하는 것이고, 남성은 특히 격식을 차릴 때 わたし를 쓰기도 한다.)

⑩ **きみ** [기미] 너, 그대

⑪ **わたしたち** [와따시타치] 우리들

⑫ **ぼくたち** [보꾸타치] 우리들

⑬ **あなたたち** [아나따타치] 당신들

⑭ **きみたち** [기미타치] 너희들, 자네들

⑮ **そのひと** [소노히또] 그 사람

⑯ **どのひと** [도노히또] 어느 사람

⑰ **だれ** [다레] 누구

⑱ **どなた** [도나따] 어느 분

⑲ **それ** [소레] 그것

⑳ **どれ** [도레] 어느 것

㉑ **ここ** [고꼬] 여기

㉒ **そこ** [소꼬] 거기

㉓ **あそこ** [아소꼬] 저기

㉔ **どこ** [도꼬] 어디

㉕ **ひだり** [히다리] 왼쪽

㉖ **みぎ** [미기] 오른쪽

㉚ **きた** [기따] 북쪽

㉘ **にし** [니시] 서쪽

㉗ **ひがし** [히가시] 동쪽

㉙ **みなみ** [미나미] 남쪽

① **いろ** [이로] 색, 색깔

② **あかいろ** [아까이로] 빨간색

③ **オレンジいろ** [오렌지이로] 주황색

④ **きいろ** [기-로] 노란색

⑤ **みどりいろ** [미도리이로] 초록색

⑥ **あおいろ** [아오이로] 파란색

⑦ **あいいろ** [아이이로] 남색

⑧ **むらさきいろ** [무라사끼이로] 보라색

⑨ **ちゃいろ** [챠이로] 갈색

⑩ **ももいろ** [모모이로] 분홍색

⑪ **しろいろ** [시로이로] 흰색

⑫ **はいいろ** [하이이로] 회색

⑬ **くろいろ** [쿠로이로] 검정색

⑭ **かたち** [가따찌] 모양

⑮ **さんかくけい** [상카꾸께−] 삼각형

⑯ **せいほうけい** [세−호−께−] 정사각형

⑰ **ちょうほうけい** [쵸−호−께−] 직사각형

⑱ **ひしがた** [히시가따] 마름모

⑲ **えん** [엥] 원

⑳ **だえんけい** [다엥께−] 타원형

㉑ **ごかくけい** [고카꾸께−] 5각형

㉒ **えんすい** [엔스이] 원뿔

㉓ **せいろくめんたい**

[세−로꾸멘따이] 정육면체

㉔ **えんとうけい**

[엔또−께−] 원통형

㉕ **せん** [셍] 선

●

㉖ **てん** [텡] 점

① **かず** [카즈] 숫자

② **ゼロ** [제로] 제로

③ **いち** [一 이찌] 1, 일

④ **に** [二 니] 2, 이

⑤ **さん** [三 상] 3, 삼

⑥ **し·よん** [四 시·용] 4, 사

⑦ **ご** [五 고] 5, 오

⑧ **ろく** [六 로꾸] 6, 육

⑨ **しち·なな** [七 시찌·나나] 7, 칠

⑩ **はち** [八 하찌] 8, 팔

⑪ **きゅう·く** [九 큐-·쿠] 9, 구

⑫ **じゅう** [十 쥬-] 10, 십

⑬ **じゅういち** [十一 쥬-이찌] 11, 열하나

⑭ **じゅうに** [十二 쥬-니] 12, 열둘

⑮ **じゅうさん** [十三 쥬-상] 13, 열셋

⑯ **じゅうよん** [十四 쥬-용] 14, 열넷

⑰ **じゅうご** [十五 쥬-고] 15, 열다섯

⑱ **じゅうろく** [十六 쥬-로꾸] 16, 열여섯

⑲ **じゅうなな** [十七 쥬-나나] 17, 열일곱

⑳ **じゅうはち** [十八 쥬-하찌] 18, 열여덟

㉑ **じゅうきゅう** [十九 쥬-큐-] 19, 열아홉

㉒ **にじゅう** [二十 니쥬-] 20, 스물

㉓ **さんじゅう** [三十 산쥬-] 30, 서른

㉔ **よんじゅう** [四十 욘쥬-] 40, 마흔

㉕ **ごじゅう** [五十 고쥬-] 50, 쉰

㉖ **ろくじゅう** [六十 로꾸쥬-] 60, 예순

㉗ **ななじゅう** [七十 나나쥬-] 70, 일흔

㉘ **はちじゅう** [八十 하찌쥬-] 80, 여든

㉙ **きゅうじゅう** [九十 큐-쥬-] 90, 아흔

㉚ **ひゃく** [百 햐꾸] 백

㉛ **せん** [千 셍] 천

㉜ **まん** [万 망] 만

㉝ **おく** [億 오꾸] 억

【고유어 숫자】

㉞ **ひとつ** [히또쯔] 하나

㉟ **ふたつ** [후따쯔] 둘

㊱ **みっつ** [밋쯔] 셋

㊲ **よっつ** [욧쯔] 넷

㊳ **いつつ** [이쯔쯔] 다섯

㊴ **むっつ** [뭇쯔] 여섯

㊵ **ななつ** [나나쯔] 일곱

㊶ **やっつ** [얏쯔] 여덟

㊷ **ここのつ** [고꼬노쯔] 아홉

㊸ **とお** [도-] 열

※일본 고유어로 읽는 숫자는 열까지밖에 없으며
　나머지는 한자어 숫자로 읽는다.

04 날짜읽기

① **ついたち** [1日 쓰이타찌] 1일

② **ふつか** [2日 후쯔까] 2일

③ **みっか** [3日 믹까] 3일

④ **よっか** [4日 욕까] 4일

⑤ **いつか** [5日 이쯔까] 5일

⑥ **むいか** [6日 무이까] 6일

⑦ **なのか** [7日 나노까] 7일

⑧ **ようか** [8日 요−까] 8일

⑨ **ここのか** [9日 고꼬노까] 9일

⑩ **とおか** [10日 도−까] 10일

⑪ **じゅういちにち**
[11日 쥬−이찌니찌] 11일

⑫ **じゅうににち**
[12日 쥬−니니찌] 12일

⑬ **じゅうさんにち**
[13日 쥬−산니찌] 13일

⑭ **じゅうよっか**
[14日 쥬−욕까] 14일

⑮ **じゅうごにち**
[15日 쥬−고니찌] 15일

⑯ **じゅうろくにち**
[16日 쥬−로꾸니찌] 16일

⑰ **じゅうしちにち**
[17日 쥬−시찌니찌] 17일

⑱ **じゅうはちにち**
[18日 쥬−하찌니찌] 18일

⑲ **じゅうくにち**
[19日 쥬−쿠니찌] 19일

⑳ **はつか**
[20日 하쯔까] 20일

㉑ **にじゅういちにち**
[21日 니쥬−이찌니찌] 21일

㉒ **にじゅうににち**
[22日 니쥬−니니찌] 22일

㉓ **にじゅうさんにち**
[23日 니쥬−산니찌] 23일

㉔ **にじゅうよっか**
[24日 니쥬−욕까] 24일

㉕ **にじゅうごにち**
[25日 니쥬−고니찌] 25일

㉖ **にじゅうろくにち**
[26日 니쥬−로꾸니찌] 26일

㉗ **にじゅうしちにち**
[27日 니쥬−시찌니찌] 27일

㉘ **にじゅうはちにち**
[28日 니쥬−하찌니찌] 28일

㉙ **にじゅうくにち**
[29日 니쥬−쿠니찌] 29일

㉚ **さんじゅうにち**
[30日 산쥬−니찌] 30일

㉛ **さんじゅういちにち**
[31日 산쥬−이찌니찌] 31일

6

June

20
16

S	M	T	W	T	F	S
			1	2	3	4
5	6	7	8	9	10	11
12	13	14	15	16	17	18
19	20	21	22	23	24	25
26	27	28	29	30	31	

① **きせつ** [기세쯔] 계절

② **はる** [하루] 봄

③ **なつ** [나쯔] 여름

④ **あき** [아끼] 가을

⑤ **ふゆ** [후유] 겨울

⑥ **つき/~がつ・~げつ** [月 쓰끼/~가쯔 · ~게쯔] 달/월

⑦ **いちがつ**
[1月 이찌가쯔] 1월

⑧ **にがつ**
[2月 니가쯔] 2월

⑨ **さんがつ**
[3月 상가쯔] 3월

⑩ **しがつ**
[4月 시가쯔] 4월

⑪ **ごがつ**
[5月 고가쯔] 5월

⑫ **ろくがつ**
[6月 로꾸가쯔] 6월

⑬ **しちがつ**
[7月 시찌가쯔] 7월

⑭ **はちがつ**
[8月 하찌가쯔] 8월

⑮ **くがつ**
[9月 쿠가쯔] 9월

⑯ **じゅうがつ**
[10月 쥬-가쯔] 10월

⑰ **じゅういちがつ**
[11月 쥬-이찌가쯔] 11월

⑱ **じゅうにがつ**
[12月 쥬-니가쯔] 12월

① **なんがつ** [낭가쯔] 몇 월　② **なんねん** [난넹] 몇 년

③ **なんようび** [낭요-비] 무슨 요일
④ **にちようび** [니찌요-비] 일요일
⑤ **げつようび** [게쯔요-비] 월요일
⑥ **かようび** [카요-비] 화요일
⑦ **すいようび** [스이요-비] 수요일
⑧ **もくようび** [모꾸요-비] 목요일
⑨ **きんようび** [킹요-비] 금요일
⑩ **どようび** [도요-비] 토요일

December					2016	
SUN	MON	TUE	WED	THU	FRI	SAT
27	28	29	30	1	2	3
4	5	6	7	8	9	10
11	12	13	14	15	16	17
18	19	20	21	22	23	24
25	26	27	28	29	30	31

⑪ **ごぜん** [고젱] 오전
⑫ **あさ** [아사] 아침

⑬ **ごご** [고고] 오후
⑭ **ひる** [히루] 낮

Mon	Tues	Wed	Thurs	Fri	Sat	Sun
	1	2	3	4	5	6
7	8	9	⑩	11	12	13
14	15	16	17	18		20
21	22	23	24	25	26	27
28	29	30	31			

⑱ **きのう** [기노-] 어제

⑲ **きょう** [쿄-] 오늘

⑳ **あした** [아시따] 내일

㉑ **ひ** [히] 날

㉒ **しゅうまつ** [슈-마쯔] 주말

⑮ **ゆうがた** [유-가따] 저녁

⑯ **よる** [요루] 밤

⑰ **まよなか** [마요나까] 한밤중

125

① **からだ** [가라다] 몸

② **まゆ** [마유] 눈썹

③ **め** [메] 눈

④ **はな** [하나] 코

⑤ **むね** [무네] 가슴

⑥ **うで** [우데] 팔

⑦ **て** [테] 손

⑧ **あし** [아시] 다리

⑨ **あしの ゆび**
[아시노 유비] 발가락

⑩ **かお** [가오] 얼굴

⑪ **ひたい** [히따이] 이마

⑫ **みみ** [미미] 귀

⑬ **ほほ** [호호] 볼

⑭ **くち** [구찌] 입

⑮ **くちびる**
[구찌비루] 입술

⑯ **はら** [하라] 배

⑰ **ひざ** [히자] 무릎

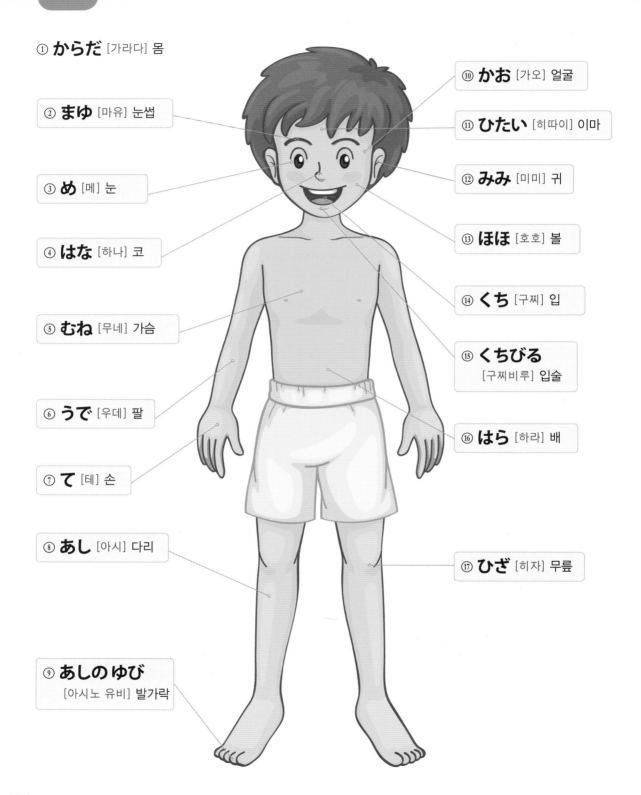

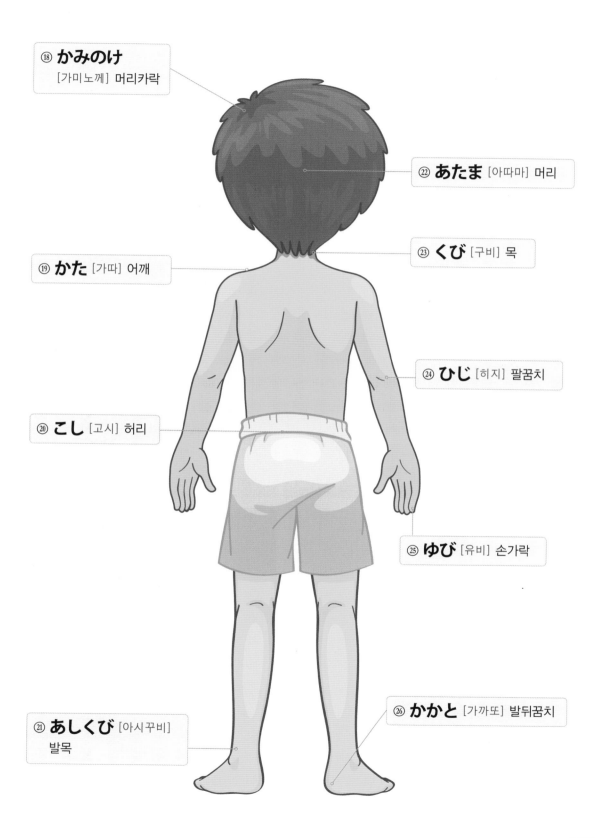

⑱ **かみのけ**
[가미노께] 머리카락

㉒ **あたま** [아따마] 머리

⑲ **かた** [가따] 어깨

㉓ **くび** [구비] 목

⑳ **こし** [고시] 허리

㉔ **ひじ** [히지] 팔꿈치

㉕ **ゆび** [유비] 손가락

㉑ **あしくび** [아시꾸비]
발목

㉖ **かかと** [가까또] 발뒤꿈치

08 가족

① **かぞく** [가조꾸] 가족

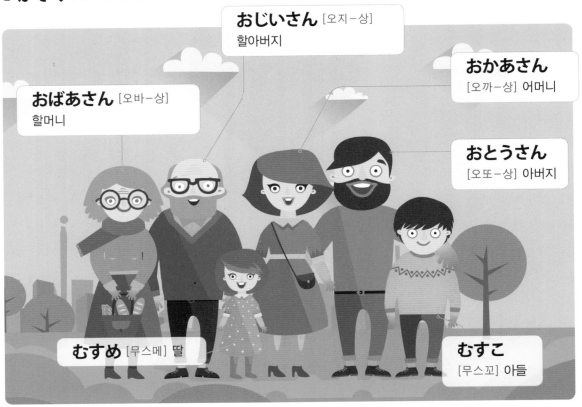

おじいさん [오지-상]
할아버지

おばあさん [오바-상]
할머니

おかあさん
[오까-상] 어머니

おとうさん
[오또-상] 아버지

むすめ [무스메] 딸

むすこ
[무스꼬] 아들

おっと [옷또]
남편

つま [쓰마]
아내

おい [오이]
조카

めい [메이]
여조카

● 가족의 호칭 ●

자기 가족을 말할 때

② **そふ** [소후]	③ **おじいさん** [오지-상]	할아버지
④ **そぼ** [소보]	⑤ **おばあさん** [오바-상]	할머니
⑥ **ちち** [치찌]	⑦ **おとうさん** [오또-상]	아버지
⑧ **はは** [하하]	⑨ **おかあさん** [오까-상]	어머니
⑩ **あに** [아니]	⑪ **おにいさん** [오니-상]	형님, 형
⑫ **あね** [아네]	⑬ **おねえさん** [오네-상]	누님, 누나
⑭ **おとうと** [오또-토]	⑮ **おとうとさん** [오또-토상]	(남)동생
⑯ **いもうと** [이모-또]	⑰ **いもうとさん** [이모-또상]	(여)동생
⑱ **かぞく** [카조꾸]	⑲ **ごかぞく** [고카조꾸]	가족
⑳ **りょうしん** [료-싱]	㉑ **ごりょうしん** [고료-싱]	부모님
㉒ **しゅじん** [슈징]	㉓ **ごしゅじん** [고슈징]	남편
㉔ **かない** [카나이]	㉕ **おくさん** [오꾸상/옥상]	부인, 아내
㉖ **きょうだい** [쿄-다이]	㉗ **ごきょうだい** [고쿄-다이]	형제
㉘ **こども** [코도모]	㉙ **おこさん** [오꼬상]	아이
㉚ **むすめ** [무스메]	㉛ **むすめさん** [무스메상]	따님, 딸
㉜ **むすこ** [무스꼬]	㉝ **むすこさん** [무스꼬상]	아드님, 아들
㉞ **おじ** [오지]	㉟ **おじさん** [오지상]	아저씨
㊱ **おば** [오바]	㊲ **おばさん** [오바상]	아주머니

남의 가족을 말할 때

※ 일본어에서는 자신의 가족을 상대에게 말할 때는 낮추어 말하고, 반대로 상대의 가족을 말할 때는 비록 어린애라도 높여서 말합니다.
또한 가족 간에 부를 때는 윗사람일 경우 높여 말합니다.

① **いま** [이마] 거실

② **エアコン** [에아콩] 에어콘

③ **かいだん** [가이당] 계단

④ **でんとう** [덴또-] 전등

⑤ **ティー・テーブル** [티- 테-부루] 티테이블

⑥ **はしらどけい** [하시라도께-] 벽시계

⑦ **かべ** [카베] 벽

⑧ **テレビ** [테레비] 텔레비전

⑨ **カーペット** [카-펫또] 카펫

⑩ **ソファー** [소화-] 소파

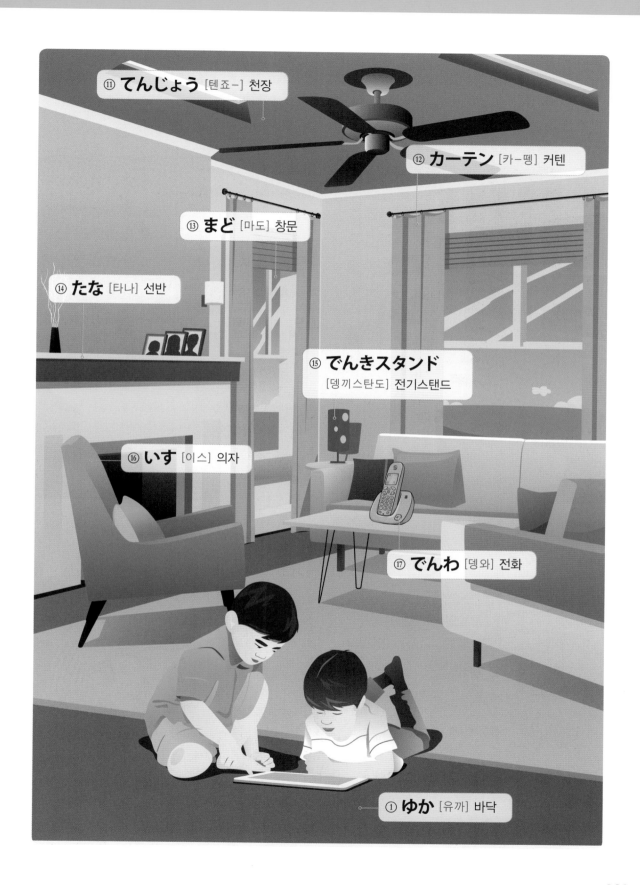

⑪ **てんじょう** [텐죠-] 천장

⑫ **カーテン** [카-뗑] 커텐

⑬ **まど** [마도] 창문

⑭ **たな** [타나] 선반

⑮ **でんきスタンド**
[뎅끼스탄도] 전기스탠드

⑯ **いす** [이스] 의자

⑰ **でんわ** [뎅와] 전화

① **ゆか** [유까] 바닥

① **しんしつ** [신시쯔] 침실

② **ベッド** [벳도] 침대

③ **もうふ** [모ー후] 담요

④ **ひきだし** [히끼다시] 서랍

⑤ **つくえ** [쓰꾸에] 책상

⑥ **たんす** [탄스] 장롱

⑦ **ラグ** [라구] 러그

⑧ **コンピューター** [콤퓨-따-] 컴퓨터

⑨ **まくら** [마꾸라] 베개

⑩ **ほんだな** [혼다나] 책장

⑪ **シーツ** [시-츠] 시트

⑫ **たな** [타나] 선반

⑬ **かがみ** [카가미] 거울

⑬ **けしょうだい** [케쇼-다이] 화장대

⑭ **シャワー** [샤와-] 샤워

⑮ **よくしつ** [요꾸시쯔] 욕실

⑯ **よくそう** [요꾸소-] 욕조

① **だいどころ** [다이도꼬로] 부엌

② **でんしレンジ** [덴시렌지] 전자레인지

③ **ほうちょう** [호-쬬-] 식칼

④ **かんづめ** [칸즈메] 통조림

⑤ **ガスレンジ** [가스렌지] 가스레인지

⑥ **フォーク** [훠-꾸] 포크
⑦ **さじ** [사지] 숟가락
⑧ **ナイフ** [나이후] 칼

⑨ **はし** [하시] 젓가락

⑩ **びん** [빙] 병

⑪ **ちゃわん** [차왕] 밥공기

⑫ **グラス** [구라스] 유리잔

⑬ **さら** [사라] 접시

⑭ **しゃくし**
[샤꾸시] 국자

⑮ **なべ**
[나베] 냄비

⑯ **でんきがま**
[뎅끼가마] 전기밥솥

⑰ **カップボード**
[캄푸보-도] 찬장

⑱ **ようざら**
[요-자라] 양접시

⑲ **じゃぐち**
[쟈구찌] 수도꼭지

⑳ **カップ** [캄뿌] 컵

㉑ **ながしだい** [나가시다이]
씽크대

㉒ **フライパン** [후라이팡] 후라이펜

㉓ **やかん** [야깡] 주전자

㉔ **れいとうこ**
[레-또-꼬] 냉동고

㉕ **れいぞうこ**
[레-조-꼬] 냉장고

㉖ **オーブン**
[오-붕] 오븐

① **ふく** [후꾸] 옷

② **くつ** [구쯔] 구두

③ **マフラー** [마후라−] 머플러

④ **てぶくろ** [데부꾸로] 장갑

⑤ **ワイシャツ** [와이샤쯔] 와이셔츠

⑥ **ネクタイ** [네쿠따이] 넥타이

⑦ **ポケット** [포켓또] 포켓

⑧ **ボタン** [보땅] 단추

⑨ **ジャケット** [쟈켓또] 쟈켓

⑩ **ズボン** [즈봉] 바지

⑪ **ハンカチ** [항까치] 손수건

⑫ **ベルト** [베루또] 벨트

⑬ **めがね** [메가네] 안경

⑭ **うんどうぐつ** [운도−구쯔] 운동화

⑮ **さいふ**
[사이후] 지갑

⑯ **ハンドバッグ** [한도박구] 핸드백

⑰ **ハイヒール** [하이히-루]
하이힐

⑱ **コート** [코-또] 코트

⑲ **ブラウス** [부라우스] 블라우스

⑳ **ドレス** [도레스] 드레스

㉑ **スカート** [스카-또] 스커트

㉒ **セーター** [세-따-]
스웨터

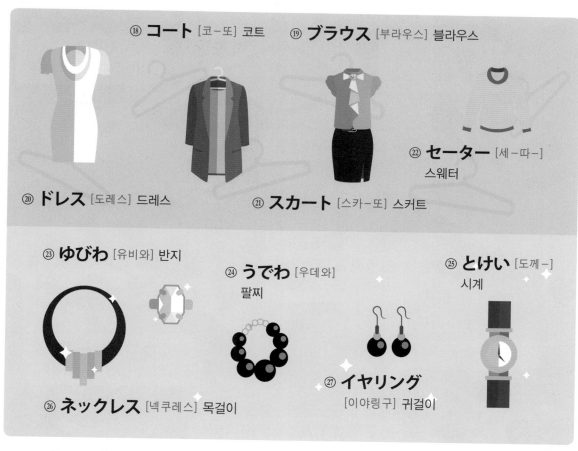

㉓ **ゆびわ** [유비와] 반지

㉔ **うでわ** [우데와]
팔찌

㉕ **とけい** [도께-]
시계

㉖ **ネックレス** [넥쿠레스] 목걸이

㉗ **イヤリング**
[이야링구] 귀걸이

㉘ **ジーンズ**
[지-ㄴ즈] 청바지

㉙ **センター・クリース**
[센따- 쿠리-스] 중절모

㉚ **ブーツ** [부-쯔] 부츠

㉜ **くつした** [구쯔시따] 양말

㉛ **かさ** [카사] 우산

㉝ **ぼうし** [보-시] 모자

13 도시에서 볼 수 있는 단어

① **とし** [토시] 도시

② **おおどおり** [오-도-리] 큰길

③ **バス** [바스] 버스

④ **バスてい** [바스떼-] 버스정류장

⑤ **まち** [마찌] 거리

⑥ **おうだんほどう** [오-당호도-] 횡단보도

⑦ **ほどう** [호도-] 인도

⑧ **こうつうしんごう** [코-쓰-싱고-] 교통신호

⑨ **こうさてん** [코-사뗑] 교차로

⑩ **レストラン** [레스또랑] 레스토랑

⑪ **どうぶつえん** [도-부쯔엥] 동물원

⑫ **スタジアム** [스따지아무] 경기장

⑬ **スーパー** [스-빠-] 슈퍼마켓

⑭ **としょかん** [도쇼깡] 도서관

⑮ **たいいくかん** [타이이꾸깡] 체육관

⑯ **プール** [푸-루] 수영장

⑰ **しょてん** [쇼뗑] 서점

⑱ **でんしゃ** [덴샤] 열차

⑲ **てつどう** [테쓰도-] 철도

⑳ **デパート** [데빠-또] 백화점

㉑ **きょうかい** [쿄-까이] 교회

㉒ **こうえん** [코-엥] 공원

㉓ **ホテル** [호떼루] 호텔

㉔ **がっこう** [각꼬-] 학교

㉕ **ちかてつのえき** [치까테쓰노 에끼] 지하철역

㉖ **えき** [에끼] 역

㉗ **ぎんこう** [깅꼬-] 은행

㉘ **はくぶつかん** [하꾸부쯔깡] 박물관

㉙ **コンビニ** [콤비니] 편의점

㉚ **はし** [하시] 다리

㉛ **えいがかん** [에-가깡] 영화관

㉜ **びょういん** [뵤-잉] 병원

㉝ **アパート** [아빠-또] 아파트

① **きょうしつ** [쿄-시쯔] 교실

② **せんせい** [센세-] 선생

③ **けいじばん** [케-지방] 게시판

④ **こくばん** [코꾸방] 칠판

⑤ **がくせい** [가꾸세-/각세-] 학생

⑥ **つくえ** [쓰꾸에] 책상

⑦ **いす** [이스] 의자

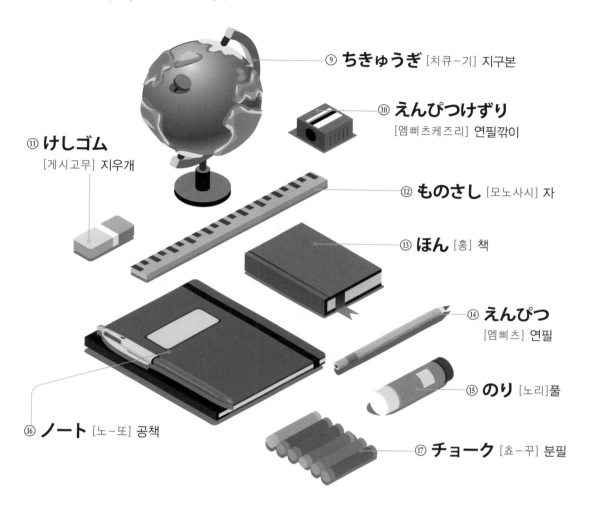

⑧ **ぶんぼうぐ** [붐보-구] 문방구

⑨ **ちきゅうぎ** [치큐-기] 지구본

⑩ **えんぴつけずり**
[엠삐츠케즈리] 연필깎이

⑪ **けしゴム**
[게시고무] 지우개

⑫ **ものさし** [모노사시] 자

⑬ **ほん** [홍] 책

⑭ **えんぴつ**
[엠삐츠] 연필

⑮ **のり** [노리]풀

⑯ **ノート** [노-또] 공책

⑰ **チョーク** [쵸-꾸] 분필

⑱ **ちず** [치즈] 지도

⑲ **こよみ** [코요미] 달력

⑳ **ふでばこ** [후데바고] 필통

㉑ **かみ** [카미] 종이

㉒ **こくご** [코꾸고] 국어

㉓ **えいご** [에-고] 영어

㉔ **すうがく** [스-가꾸] 수학

㉕ **れきし** [레끼시] 역사

㉖ **びじゅつ** [비쥬쯔] 미술

㉗ **おんがく** [옹가꾸] 음악

㉘ **かがく** [카가꾸] 과학

㉙ **たいいく** [타이이꾸] 체육

㉚ **えのぐ** [에노구] 그림물감

㉛ **きょうかしょ** [쿄-까쇼] 교과서

① **スポーツ** [스뽀−츠] 스포츠, 운동

② **ボクシング** [보꾸싱구] 권투

③ **やきゅう**
[야뀨−] 야구

④ **じゅうりょうあげ**
[쥬−료−아게] 역도

⑤ **サッカー**
[삭까−] 축구

⑥ **サイクリング**
[사이쿠링구] 사이클링

⑦ **テニス** [테니스] 테니스

⑧ **バスケットボール** [바스껫또보−루] 농구

⑨ **クリケット**
[쿠리켓또] 크리켓

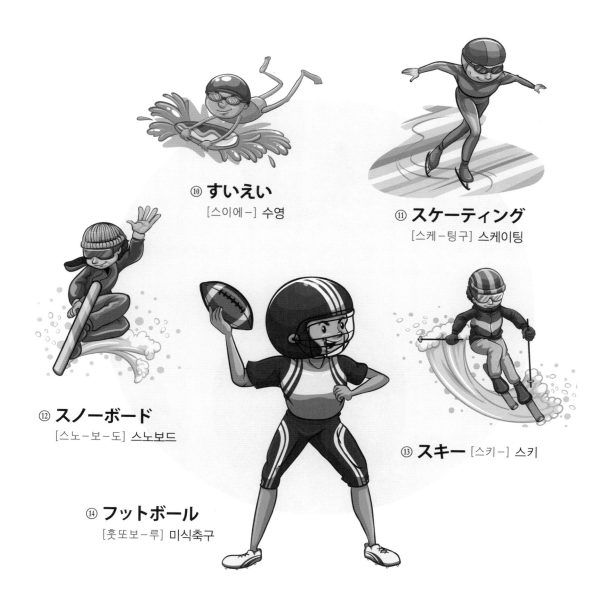

⑩ **すいえい**
[스이에-] 수영

⑪ **スケーティング**
[스케-팅구] 스케이팅

⑫ **スノーボード**
[스노-보-도] 스노보드

⑬ **スキー** [스키-] 스키

⑭ **フットボール**
[훗또보-루] 미식축구

⑮ **ソフトボール** [소후또보-루] 소프트 볼

⑯ **アイスホッケー** [아이스혹께-]
아이스하키

⑰ **ハンドボール** [한도보-루] 핸드볼

⑱ **ジョギング** [죠깅구] 조깅

⑲ **ボーリング** [보-링구] 볼링

⑳ **ゴルフ** [고루후] 골프

㉑ **スカッシュ** [스캇슈] 스쿼시

㉒ **ピンポン** [핑뽕] 탁구

㉓ **バレーボール** [바레-보-루] 배구

㉔ **レスリング** [레스링구] 레슬링

㉕ **バドミントン** [바도민똥] 배드민턴

㉖ **すもう** [스모-] 스모(일본씨름)

㉗ **フェンシング** [휀싱구] 펜싱

① **くだもの** [구다모노] 과일

② **レモン** [레몽] 레몬

③ **バナナ** [바나나] 바나나

④ **すいか** [스이까] 수박

⑤ **オレンジ** [오렌지] 오렌지

⑥ **いちご** [이찌고] 딸기

⑦ **もも** [모모] 복숭아

⑧ **ぶどう** [부도ー] 포도

⑨ **なし** [나시] 배

⑩ **りんご** [링고] 사과

⑪ **パイナップル** [파이납뿌루] 파인애플

⑫ **やさい** [야사이] 채소

⑭ **キュウリ** [큐-리] 오이

⑮ **なす** [나스] 가지

⑬ **キャベツ** [캬베쯔] 양배추

⑰ **カボチャ** [카보쨔] 호박

⑱ **ジャガイモ** [쟈가이모] 감자

⑯ **トマト** [토마또] 토마토

⑲ **ニンニク** [닌니꾸] 마늘

⑳ **ピーマン** [피-망] 피망

㉑ **ニンジン** [닌징] 당근

㉒ **タマネギ** [다마네기] 양파

㉓ **まめ** [마메] 콩

㉔ **ビート** [비-또] 비트

㉕ **ブロッコリー** [부록코리-] 브로콜리

145

① **どうぶつ** [도-부쯔] 동물

② **ぞう** [조-] 코끼리

③ **サイ** [사이] 코뿔소

④ **ライオン** [라이옹] 사자

⑤ **やぎ** [야기] 염소

⑥ **うし** [우시] 소

⑦ **うま** [우마] 말

⑧ **ひつじ** [히쯔지] 양

⑨ **ぶた** [부따] 돼지

⑩ **キリン** [키링] 기린
⑪ **かば** [카바] 하마
⑫ **シマウマ** [시마우마] 얼룩말
⑬ **ヒョウ** [효-] 표범
⑭ **ワニ** [와니] 악어

⑮ **おおかみ** [오-카미] 늑대
⑯ **ゴリラ** [고리라] 고릴라
⑰ **さる** [사루] 원숭이
⑱ **カメ** [카메] 거북
⑲ **へび** [헤비] 뱀
⑳ **ウサギ** [우사기] 토끼
㉑ **かえる** [가에루] 개구리
㉒ **ねずみ** [네즈미] 생쥐
㉓ **いぬ** [이누] 개

㉔ **ねこ** [네꼬] 고양이
㉕ **とら** [토라] 호랑이
㉖ **くま** [쿠마] 곰
㉗ **きつね** [기쯔네] 여우
㉘ **しか** [시까] 사슴
㉙ **ラクダ** [라꾸다] 낙타
㉚ **ダチョウ** [다쬬-] 타조
㉛ **リス** [리스] 다람쥐
㉜ **インパラ** [임파라] 임팔라

18 바다동물과 새, 곤충

① **うみの どうぶつ** [우미노 도-부쯔] 바다 동물

② **いるか** [이루까] 돌고래

③ **さめ** [사메] 상어

④ **アオウミガメ** [아오우미가메] 바다거북

⑤ **くじら** [쿠지라] 고래

⑥ **かい** [카이] 조개

⑦ **いか** [이까] 오징어

⑧ **かに** [카니] 게

⑨ **ロブスター** [로부스따-] 바다가재

⑩ **おっとせい** [옷또세-] 물개

⑪ **えび** [에비] 새우

⑫ **タコ** [타꼬] 문어

⑬ **とり** [토리] 새

⑭ **オウム**
[오우무] 앵무새

⑮ **からす**
[가라스] 까마귀

⑯ **にわとり**
[니와토리] 닭

⑰ **かも**
[카모] 오리

⑱ **ペンギン**
[펭깅] 펭귄

⑲ **はと**
[하또] 비둘기

⑳ **こんちゅう** [곤쮸-] 곤충

㉑ **はち** [하찌] 벌

㉒ **あり** [아리] 개미

㉓ **くも** [구모] 거미

㉔ **とんぼ**
[돔보] 잠자리

㉕ **チョウチョウ**
[쵸-쬬-] 나비

㉖ **こうもり** [코-모리] 박쥐

㉗ **かもめ** [카모메] 갈매기

㉘ **つばめ** [쓰바메] 제비

㉙ **はくちょう** [하꾸쬬-] 백조

㉚ **が** [가] 나방

㉛ **はえ** [하에] 파리

㉜ **むし** [무시] 벌레

㉝ **バッタ** [밧따] 메뚜기

19 직업

① **しょくぎょう** [쇼꾸교-] 직업

③ **じょゆう** [죠유-] 여배우

⑤ **コック** [콕꾸] 요리사

② **ぐんじん** [군징] 군인

④ **しょうぼうし** [쇼-보-시] 소방관

⑦ **そうじゅうし** [소-쥬-시] 조종사

⑨ **けいさつかん** [케-사쯔깡] 경찰관

⑥ **スチュワーデス** [스츄와-데스] 스튜어디스

⑧ **ゆうびんはいたつにん** [유-빙하이따쓰닝] 우편배달부

150

⑩ **ウエートレス**

[우에-또레스] 웨이트리스

⑪ **ウエーター**

[우에-따-] 웨이터

⑫ **きょうし**

[쿄-시] 교사

⑬ **のうふ**

[노-후] 농부

⑭ **いし**

[이시] 의사

⑮ **かんごし**

[캉고시] 간호사

⑯ **ヘアドレッサー**

[헤아도렛사-] 미용사

⑰ **きしゃ** [키샤] 기자

⑱ **べんごし** [벵고시] 변호사

⑲ **かがくしゃ** [카가꾸샤] 과학자

⑳ **はいゆう** [하이유-] 배우

㉑ **びじゅつか** [비쥬쓰까] 미술가

㉒ **タクシーの うんてんしゅ**

[타꾸시-노 운뗀슈] 택시기사

㉓ **とこや** [도꼬야] 이발사

㉔ **ぎょふ** [교후] 어부

㉕ **こうむいん** [코-무잉] 공무원

㉖ **さっか** [삭까] 작가

㉗ **デザイナー** [데자이나-] 디자이너

① **しぜん** [시젱] 자연

② **くも** [구모] 구름

③ **にじ** [니지] 무지개

⑤ **のうじょう** [노-죠-] 농장

④ **むら** [무라] 마을

⑥ **うし** [우시] 소

⑦ **いけ** [이께] 연못

⑧ **たいよう** [타이요-] 태양

⑨ **たに** [타니] 골짜기

⑩ **みずうみ** [미즈우미] 호수

⑪ **おか** [오까] 언덕

⑫ **のはら** [노하라] 들판

⑬ **やま** [야마] 산

⑭ **もり** [모리] 숲

⑮ **かわ** [가와] 강

⑯ **そら** [소라] 하늘

⑰ **しま** [시마] 섬

⑱ **うみ** [우미] 바다

⑳ **うみべ** [우미베] 바닷가

⑲ **えんがん** [엥강] 연안

① **やわらかい** [야와라까이] 부드럽다
② **かたい** [가따이] 딱딱하다

③ **きれいだ** [기레−다] 깨끗하다
④ **きたない** [기따나이] 더럽다

⑤ **おおきい** [오−끼−] 크다
⑥ **ちいさい** [치−사이] 작다

⑦ **せが たかい** [세가 다까이] 키가 크다
⑧ **せが ひくい** [세가 히꾸이] 키가 작다

⑨ **あたらしい** [아따라시−] 새롭다
⑩ **ふるい** [후루이] 낡다

⑪ **はやい** [하야이] 빠르다
⑫ **のろい** [노로이] 늦다

⑬ **あかるい** [아까루이] 밝다

⑭ **くらい** [구라이] 어둡다

⑮ **むずかしい** [무즈까시ー] 어렵다

⑯ **やさしい** [야사시ー] 쉽다

⑰ **かなしい** [카나시ー] 슬프다

⑱ **こうふくだ** [코ー후꾸다] 행복하다

⑲ **よい** [요이] 좋다

⑳ **わるい** [와루이] 나쁘다

㉑ **さむい** [사무이] 춥다

㉒ **あつい** [아쯔이] 덥다

㉓ **すべっこい** [스벡꼬이] 매끄럽다

㉔ **あらい** [아라이] 거칠다

㉕ **おなかが ペコペコだ**
[오나까가 뻬꼬뻬꼬다] 배가 고프다

㉖ **おなかが いっぱいだ**
[오나까가 입빠이다] 배가 부르다

㉗ **たかい** [다까이] 높다, (값이) 비싸다

㉘ **ひくい** [히꾸이] 낮다

㉙ **やすい** [야스이] (값이) 싸다

㉚ **ながい** [나가이] 길다

㉛ **みじかい** [미지까이] 짧다

㉜ **ふゆうだ** [후유ー다] 부유하다

㉝ **びんぼうだ** [빔보ー다] 가난하다

① **なく** [나꾸] 울다

② **たべる** [다베루] 먹다

③ **よむ** [요무] 읽다

④ **たたかう** [다타까우] 싸우다

⑤ **あそぶ** [아소부] 놀다

⑥ **はしる** [하시루]
달리다

⑦ **すわる** [스와루]
앉다

⑧ **あるく** [아루꾸]
걷다

⑨ **みる** [미루] 보다

⑩ **かく** [가꾸] 쓰다

⑪ **のむ** [노무] 마시다

⑫ **はなす** [하나스] 말하다

⑬ **うんてんする** [운뗀스루] 운전하다

⑭ **りょうりする** [료-리스루] 요리하다

⑮ **きる** [기루] 자르다

⑯ **べんきょうする** [벵꾜-스루]
공부하다

⑰ **きく** [기꾸] 듣다

⑱ **かんじる** [칸지루] 느끼다

⑲ **ひく** [히구] 당기다

⑳ **おす** [오스] 밀다

㉑ **あらう** [아라우] 씻다

㉒ **いく** [이꾸] 가다

㉓ **くる** [구루] 오다

㉔ **たつ** [타쯔] 일어서다

㉕ **ねる** [네루] 자다

㉖ **うたう** [우따우] 노래하다

㉗ **すいえいする** [스-에-스루] 수영하다

㉘ **おどる** [오도루] 춤추다

㉙ **ふせる** [후세루] 엎드리다

㉚ **とぶ** [도부] 날다

おはよう ございます。

오하요- 고자이마스

안녕하세요.(아침)

こんにちは。

곤니찌와

안녕하세요.(낮)

こんばんは。

곰방와

안녕하세요.(저녁)

おげんきですか。

오겡끼데스까

잘 지내십니까?

おかげさまで げんきです。

오까게사마데 겡끼데스

덕분에 잘 지냅니다.

おかわりありませんか。

오까와리 아리마셍까

별고 없으십니까?

あいかわらずです。

아이까와라즈데스

여전합니다.

みなさんに よろしく。

미나산니 요로시꾸

모두에게 안부 전해주세요.

じゃ、げんきでさようなら。

쟈　　　겡끼데 사요-나라

그럼, 안녕히 계세요.

いって まいります。
잇떼 마이리마스
다녀오겠습니다.

いって いらっしゃい。
잇떼 이랏샤이
다녀오세요.

ただいま。
타다이마
다녀왔습니다.

おかえりなさい。
오카에리나사이
어서오세요.

おひさしぶりですね。
오히사시부리데스네
오랜만입니다.

しばらくでした。
시바라꾸데시다
오래간만입니다.

ごぶさた いたしました。
고부사따 이따시마시다
격조했습니다.

またね！
마따네
또 보자!

おやすみなさい。
오야스미나사이
안녕히 주무세요.

さようなら。
사요－나라
안녕히 가세요(계세요).

おめでとう。
오메데또-
축하해요.

おめでとう ございます。
오메데또- 고자이마스
축하드립니다.

ごめんください。
고멩구다사이
실례합니다.

いらっしゃいませ。
이랏샤이마세
어서 오십시오.

ようこそ。
요-꼬소
잘 오셨습니다.

はじめまして。
하지메마시떼
처음 뵙겠습니다.

どうぞ よろしく。
도-조 요로시꾸
잘 부탁합니다.

おめにかかれて うれしいです。
오메니카까레떼 우레시-데스
뵙게 되어 반갑습니다.

いただきます。
이따다끼마스
잘 먹겠습니다.

どうぞ。
도-조
자, 드세요.

ごちそうさまでした。
고찌소-사마데시다
잘 먹었습니다.

ありがとう ございます。
아리가또- 고자이마스
고맙습니다.

どうも ありがとう。
도-모 아리가또-
무척 고마워요.

どういたしまして。
도- 이따시마시떼
천만에요.

すみません。
스미마셍
미안합니다.

どうも すみませんでした。
도-모 스미마센데시다
대단히 죄송했습니다.

いいんですよ。
이인데스요
괜찮아요.

만만하게 시작하는 히라가나 일본어 첫걸음

PART 4

문장으로
일본어
익히기

これは
~です。

あれは
~ですか。

01 명사~です

~입니다

これは ボールペンです。 이것은 볼펜입니다.
고레와 보–루뻰데스

あれは くるまですか。 저것은 차입니까?
아레와 구루마데스까

 ~です는 우리말의 「**~입니다**」에 해당하는 말로 명사에 접속하여 정중한 단정을 나타내며, 의문이나 질문을 나타낼 때는 **~ですか**(입니까)로 표현합니다. 참고로 우리말에서는 질문을 나타낼 때는 물음표(?)를 붙이지만 일본어에서는 붙이지 않습니다.

1 **これは ほんです。** 이것은 책입니다.
고레와 혼데스

2 **それは ノートです。** 그것은 노트입니다.
소레와 노–또데스

3 **あれは えんぴつです。** 저것은 연필입니다.
아레와 엠삐츠데스

4 **これは つくえですか。** 이것은 책상입니까?
고레와 쓰꾸에데스까

5 **あれは いすですか。** 저것은 의자입니까?
아레와 이스데스까

02 명사~では ありません

~이(가) 아닙니다

> **これは ボールペンでは ありません。**
> 고레와 보-루뺀데와 아리마셍
>
> 이것은 볼펜이 아닙니다.
>
> **あれは くるまでは ありませんか。**
> 아레와 구루마데와 아리마셍까
>
> 저것은 차가 아닙니까?

~では ありません은 정중한 단정을 나타내는 ~です의 부정형으로 우리말의 「~이(가) 아닙니다」에 해당하며, 회화체에서는 では를 じゃ로 줄여서 ~じゃありません으로 쓰기도 합니다. 또한, 의문이나 질문을 할 때는 か를 붙여서 ~では(じゃ) ありませんか(~이 아닙니까?)로 표현합니다.

---

1 **これは ほんでは ありません。**
고레와 혼데와 아리마셍

이것은 책이 아닙니다.

---

2 **それは ノートでは ありません。**
소레와 노-또데와 아리마셍

그것은 노트가 아닙니다.

---

3 **あれは えんぴつでは ありません。**
아레와 엠삐츠데와 아리마셍

저것은 연필이 아닙니다.

---

4 **これは つくえでは ありませんか。**
고레와 쓰꾸에데와 아리마셍까

이것은 책상이 아닙니까?

---

5 **あれは いすでは ありませんか。**
아레와 이스데와 아리마셍까

저것은 의자가 아닙니까?

---

03 명사~でした

ここは こうえんでした。
고꼬와 코−엔데시다

여기는 공원이었습니다.

そこは どうぶつえんでしたか。
소꼬와 도−부쯔엔데시다까

거기는 동물원이었습니까?

명사를 정중하게 단정할 때 쓰이는 **~です**의 과거형은 **~でした**로 우리말의 「**~이었습니다**」에 해당하며,
~でした에 의문이나 질문을 나타내는 조사 **か**를 접속하면「**~이었습니까?**」가 됩니다.

---

1 **きのうは おたんじょうびでした。**
기노−와 오딴죠−비데시다

어제는 생일이었습니다.

---

2 **きのうは きんようびでした。**
기노−와 킹요−비데시다

어제는 금요일이었습니다.

---

3 **この ビルは びょういんでした。**
고노 비루와 뵤−인데시다

이 빌딩은 병원이었습니다.

---

4 **きのうは なんにちでしたか。**
기노−와 난니찌데시다까

어제는 며칠이었습니까?

---

5 **おとといは なんようびでしたか。**
오또토이와 낭요−비데시다까

그제는 무슨 요일이었습니까?

~이(가) 아니었습니다

ここは こうえんでは ありませんでした。
고꼬와 코-엔데와 아리마센데시다

여기는 공원이 아니었습니다.

そこは どうぶつえんでは ありませんでしたか。
소꼬와 도-부쯔엔데와 아리마센데시다까

거기는 동물원이 아니었습니까?

~**です**의 부정형은 ~**ではありません**이며, ~**ではありません**에 ~**です**의 과거형인 ~**でした**를 접속하면 **과거부정**이 됩니다. 마찬가지로 회화체에서는 **では**를 **じゃ**로 줄여서 쓰기도 합니다.

---

1 **きのうは おたんじょうびでは ありませんでした。**
기노-와 오딴죠-비데와 아리마센데시다

어제는 생일이 아니었습니다.

---

2 **きのうは きんようびでは ありませんでした。**
기노-와 킹요-비데와 아리마센데시다

어제는 금요일이 아니었습니다.

---

3 **この ビルは びょういんじゃ ありませんでした。**
고노 비루와 뵤-인쟈 아리마센데시다

이 빌딩은 병원이 아니었습니다.

---

4 **きのうは とおかでは ありませんでしたか。**
기노-와 도-까데와 아리마센데시다까

어제는 10일이 아니었습니까?

---

5 **おとといは どようびじゃ ありませんでしたか。**
오또토이와 도요-비쟈 아리마센데시다까

그제는 토요일이 아니었습니까?

05 명사~で、명사~です

~이고, ~입니다

これは ほんです。あれは ノートです。
고레와 혼데스   아레와 노-또데스

이것은 책입니다.
저것은 노트입니다.

これは ほんで、あれは ノートです。
고레와 혼데, 아레와 노또-데스

이것은 책이고,
저것은 노트입니다.

で는 단정을 나타내는 ~です의 중지형으로 두 개의 문장을 하나로 연결시켜 주는 역할을 합니다. 즉, で는 성질이 다른 앞뒤 문장을 나열해 주는 역할을 하기도 하고, 앞의 문장이 뒤의 문장의 원인, 또는 설명이 될 때도 있습니다.

---

1 **これは ライターで、あれは マッチです。**
고레와 라이따-데, 아레와 맛찌데스

이것은 라이터이고,
저것은 성냥입니다.

---

2 **それは わたしので、あれは あなたのです。**
소레와 와따시노데, 아레와 아나따노데스

그것은 내 것이고,
저것은 당신 것입니다.

---

3 **あれは キムチで、これは たくわんです。**
아레와 키무치데, 고레와 타구완데스

저것은 김치이고,
이것은 단무지입니다.

---

4 **これは ペンで、あれは えんぴつです。**
고레와 펜데, 아레와 엠삐츠데스

이것은 펜이고,
저것은 연필입니다.

---

5 **ここは ぎんこうで、あそこは えきです。**
고꼬와 깅꼬-데, 아소꼬와 에끼데스

여기는 은행이고,
저기는 역입니다.

168

풀어보기 Check It Out!

✏️ 괄호 속의 단어를 사용하여 문장을 만들어보세요.

1 저것은 연필입니다. (えんぴつ)

2 이것은 책상입니까? (つくえ)

3 이것은 책상이 아닙니까?

4 이 빌딩은 병원이었습니다. (ビル・びょういん)

5 어제는 며칠이었습니까? (なんにち)

6 이 빌딩은 백화점이 아니었습니다. (デパート)

7 어제는 10일이 아니었습니까? (きのう・とおか)

8 이것은 펜이고, 저것은 연필입니다. (ペン)

Answers 1. あれは えんぴつです。 2. これは つくえですか。 3. これは つくえでは ありませんか。 4. この ビル は びょういんでした。 5. きのうは なんにちでしたか。 6. この ビルは デパートでは ありませんでした。 7. きのうは とおかでは ありませんでしたか。 8. これは ペンで、あれは えんぴつです。

06 あります/います

있습니다

ここに ほんが あります。
고꼬니 홍가 아리마스

여기에 책이 있습니다.

あそこに ひとが います。
아소꼬니 히또가 이마스

저기에 사람이 있습니다.

あります는 동작성이 없는 무생물의 존재를 나타내는 말로 우리말의 「**있습니다**」에 해당하며, **あります**에 **か**를 접속하면 의문문이 됩니다. 그러나 **います**는 동작성이 있는 사람이나 동물 등, 생물의 존재를 나타낼 때 쓰입니다. 또한 **に**는 우리말의 「**~에**」에 해당하는 조사로 어떤 사물이 존재하는 장소를 나타냅니다. **が**는 명사에 접속하여 주격을 나타내는 조사로 우리말의 「**~이(가)**」에 해당합니다.

---

1 **かわの コートが あります。**
카와노 코-또가 아리마스

가죽 코트가 있습니다.

2 **あそこには りんごも あります。**
아소꼬니와 링고모 아리마스

저기에는 사과도 있습니다.

3 **へやに こどもが います。**
헤야니 고도모가 이마스

방에 어린이가 있습니다.

4 **テーブルに なにが ありますか。**
테-부루니 나니가 아리마스까

테이블에 무엇이 있습니까?

5 **そこに だれが いますか。**
소꼬니 다레가 이마스까

거기에 누가 있습니까?

없습니다

> **ほんは どこにも ありません。**
> 홍와 도꼬니모 아리마셍
>
> 책은 어디에도 없습니다.
>
> **へやには だれも いません。**
> 헤야니와 다레모 이마셍
>
> 방에는 아무도 없습니다.

ありません은 사물 또는 식물, 즉 동작성이 없는 무생물의 존재를 나타내는 **あります**의 부정형으로 우리 말의 「**없습니다**」에 해당하며, **いません**은 동작성이 있는 사람이나 동물의 존재를 나타낼 때 쓰이는 **います**의 부정형으로 우리말의 「**없습니다**」에 해당합니다.

---

1 **ペンは つくえの うえには ありません。**
펭와 쓰꾸에노 우에니와 아리마셍

펜은 책상 위에는 없습니다.

---

2 **かばんの なかには なにも ありません。**
가반노 나까니와 나니모 아리마셍

가방 속에는 아무것도 없습니다.

---

3 **セーターは そこにも ありませんか。**
세-따-와 소꼬니모 아리마셍까

스웨터는 거기에도 없습니까?

---

4 **ここには にほんじんは いません。**
고꼬니와 니혼징와 이마셍

여기에는 일본인은 없습니다.

---

5 **いぬは あそこにも いませんか。**
이누와 아소꼬니모 이마셍까

개는 거기에도 없습니까?

있었습니다

ほんは あそこに ありました。
홍와 아소꼬니 아리마시다

책은 거기에 있었습니다.

へやには こいぬも いました。
헤야니와 코이누모 이마시다

방에는 강아지도 있었습니다.

ありました은 사물 또는 식물, 즉 동작성이 없는 무생물의 존재를 나타내는 **あります**의 과거형으로 우리말의 「**있었습니다**」에 해당하며, **いました**은 동작성이 있는 사람이나 동물의 존재를 나타낼 때 쓰이는 **います**의 과거형으로 우리말의 「**있었습니다**」에 해당합니다.

1 **ノートは つくえの うえに ありました。**
노-또와 쓰꾸에노 우에니 아리마시다

노트는 책상 위에 있었습니다.

2 **かばんの なかには ペンも ありました。**
가반노 나까니와 펨보 아리마시다

가방 속에는 펜도 있었습니다.

3 **セーターは どこに ありましたか。**
세-따-와 도꼬니 아리마시다까

스웨터는 어디에 있었습니까?

4 **あそこには にほんじんが いました。**
아소꼬니와 니혼징가 이마시다

거기에는 일본인이 있었습니다.

5 **いぬは どこに いましたか。**
이누와 도꼬니 이마시다까

개는 어디에 있었습니까?

09 ありませんでした／いませんでした

없었습니다

ほんは どこにも ありませんでした。
홍와 도꼬니모 아리마센데시다

책은 어디에도 없었습니다.

へやには だれも いませんでした。
헤야니와 다레모 이마센데시다

방에는 아무도 없었습니다.

 ありませんでした는 사물 또는 식물, 즉 동작성이 없는 무생물의 존재를 나타내는 **あります**의 과거부정형으로 우리말의 「**없었습니다**」에 해당하며, **いませんでした**는 동작성이 있는 사람이나 동물의 존재를 나타낼 때 쓰이는 **います**의 과거부정형으로 우리말의 「**없었습니다**」에 해당합니다.

---

1 ペンは つくえの うえに ありませんでした。
펭와 쓰꾸에노 우에니 아리마센데시다

펜은 책상 위에 없었습니다.

---

2 かばんの なかには なにも ありませんでした。
가반노 나까니와 나니모 아리마센데시다

가방 속에는 아무것도 없었습니다.

---

3 セーターは そこにも ありませんでしたか。
세ー따ー와 소꼬니모 아리마센데시다까

스웨터는 거기에도 없었습니까?

---

4 あそこには にほんじんは いませんでした。
아소꼬니와 니혼징와 이마센데시다

거기에는 일본인은 없었습니다.

---

5 いぬは あそこにも いませんでしたか。
이누와 아소꼬니모 이마센데시다까

개는 거기에도 없었습니까?

✏️ **괄호 속의 단어를 사용하여 문장을 만들어보세요.**

1   저기에는 사과도 있습니다. (りんご)

🏷️➤

2   방에 어린이가 있습니다. (へや・こども)

🏷️➤

3   가방 속에는 아무것도 없습니다. (かばん・なか)

🏷️➤

4   방에는 아무도 없습니다. (だれも)

🏷️➤

5   스웨터는 어디에 있었습니까? (セーター・どこに)

🏷️➤

6   방에는 강아지도 있었습니다. (こいぬ)

🏷️➤

7   상자 속에는 아무것도 없었습니다. (はこ・なにも)

🏷️➤

8   개는 거기에도 없었습니까? (いぬ・そこにも)

🏷️➤

Answers 1. あそこには りんごも あります。 2. へやに こどもが います。 3. かばんの なかには なにも ありません。 4. へやには だれも いません。 5. セーターは どこに ありましたか。 6. へやには こいぬも いました。
7. はこの なかには なにも ありませんでした。 8. いぬは あそこにも いませんでしたか。

형용사

일본어의 형용사(形容詞)는 활용이 있는 자립어로써 사물의 성질과 상태를 나타냅니다. 단, 우리말 형용사와는 달리 의미로 분류하지 않고, 어미의 형태로 분류하는 점이 다릅니다. 즉, 일본어의 형용사는 모든 어미가 ～い로 끝납니다.

> **あかい** 빨갛다　　**さむい** 춥다
> **やさしい** 쉽다　　**あかるい** 밝다

○ 기본형

어미가 ～い로 끝나는 형용사는 그 자체로 문장을 종결짓기도 합니다. 또한 뒤의 명사를 수식할 때도 어미 ～い의 기본형 상태를 취하는데 이것을 연체형이라고 합니다. 즉, 우리말에서는 어미가 「～하다」가 「～한」으로 변하여 뒤의 명사를 수식하지만, 일본어에서는 어미 변화가 없습니다.

> **にほんごは とても やさしい。** 일본어는 매우 쉽다.
> **とても やさしい にほんごです。** 매우 쉬운 일본어입니다.

○ 정중형

형용사의 기본형은 보통체로 「～하다」의 뜻이지만, 기본형에 정중한 단정을 나타내는 **です**를 접속하면 「～합니다」의 뜻으로 상태를 정중하게 표현합니다. 질문을 할 때는 의문이나 질문을 나타내는 종조사 **か**를 접속하면 됩니다.

> **にほんごは やさしいです。** 일본어는 쉽습니다.
> **にほんごは やさしく ありません。** 일본어는 쉽지 않습니다.
> **にほんごは やさしく ありませんでした。** 일본어는 쉽지 않았습니다.
> **にほんごは やさしくて、えいごは むずかしいです。** 일본어는 쉽고, 영어는 어렵습니다.

10 형용사~いです

~합니다

えんぴつは ながい。
엠삐츠와 나가이

연필은 길다.

えんぴつは ながいです。
엠삐츠와 나가이데스

연필은 깁니다.

 일본어 형용사를 정중하게 표현하고자 할 때는 형용사의 기본형에 정중한 단정을 나타내는 **です**를 접속하면 됩니다. 우리말에서는 어미의 형태가 변하여 「**~ㅂ니다**」로 정중체가 되지만 일본어에서는 기본형의 어미 **い**에 **です**를 접속하면 됩니다.

1 **ふゆは さむいです。**
후유와 사무이데스

겨울은 춥습니다.

2 **あの ビルは たかいです。**
아노 비루와 다까이데스

저 빌딩은 높습니다.

3 **ひこうきは はやいです。**
히꼬-끼와 하야이데스

비행기는 빠릅니다.

4 **かばんは おもいですか。**
가방와 오모이데스까

가방은 무겁습니까?

5 **えきは ちかいですか。**
에끼와 치까이데스까

역은 가깝습니까?

11 형용사 ~く ありません

~하지 않습니다

えんぴつは ながく ない。 연필은 길지 않다.
엠삐츠와 나가꾸 나이

えんぴつは ながく ありません。 연필은 길지 않습니다.
엠삐츠와 나가꾸 아리마셍

 형용사를 정중하게 부정할 때는 어미 い를 く로 바꾸고 부정어인 ありません을 접속하면 됩니다. 이 때 ありません은 존재의 부정(없습니다)이 아니라 상태의 부정으로 「~하지 않습니다」가 됩니다. 즉, ~く あり ません은 ~いです의 부정형입니다.

1 **この おかしは おいしく ありません。** 이 과자는 맛있지 않습니다.
고노 오카시와 오이시꾸 아리마셍

2 **ことしの なつは あつく ありません。** 올 여름은 덥지 않습니다.
고또시노 나쯔와 아쯔꾸 아리마셍

3 **すうがくは あまり やさしく ありません。** 수학은 그다지 쉽지 않습니다.
스ー가꾸와 아마리 야사시꾸 아리마셍

4 **にほんごは むずかしく ありませんか。** 일본어는 어렵지 않습니까?
니홍고와 무즈까시꾸 아리마셍까

5 **この とけいは たかく ありませんか。** 이 시계는 비싸지 않습니까?
고노 도께ー와 다까꾸 아리마셍까

これは あかい えんぴつですか。

고레와 아까이 엠삐츠데스까

이것은 빨간 연필입니까?

はい、それは あかい えんぴつです。

하이, 소레와 아까이 엠삐츠데스

네. 그것은 빨간 연필입니다.

형용사가 뒤의 명사를 꾸밀 때는 우리말에서는 어미 '~하다'가 '~한'으로 바뀌지만 일본어에서는 형용사의 기본형 상태로 쓰입니다.

---

1 これは あたらしい くつです。

고레와 아따라시- 구쯔데스

이것은 새 구두입니다.

---

2 あなたのは くろい かさですか。

아나따노와 쿠로이 카사데스까

당신 것은 검정 우산입니까?

---

3 わたしのは あおい ぼうしでは ありません。

와따시노와 아오이 보-시데와 아리마셍

내 것은 파란 모자가 아닙니다.

---

4 それは おもしろい まんがですか。

소레와 오모시로이 망가데스까

그것은 재미있는 만화입니까?

---

5 これは いい じしょでは ありません。

고레와 이- 지쇼데와 아리마셍

이것은 좋은 사전이 아닙니다.

---

13 형용사~く ありませんでした

えんぴつは ながく ありません。
엠삐츠와 나가꾸 아리마셍

연필은 길지 않습니다.

えんぴつは ながく ありませんでした。
엠삐츠와 나가꾸 아리마센데시다

연필은 길지 않았습니다.

 형용사를 정중하게 과거를 부정할 때는 어미 **い**를 **く**로 바꾸고 부정과거형인 **ありませんでした**을 접속하면 됩니다. 이 때 **ありませんでした**은 존재의 부정과거(없었습니다)가 아니라 상태의 과거부정으로 「~하지 않았습니다」가 됩니다.

---

1 **あの おかしは おいしく ありませんでした。**
아노 오카시와 오이시꾸 아리마센데시다

그 과자는 맛있지 않았습니다.

---

2 **ことしの なつは あつく ありませんでした。**
고또시노 나쯔와 아쯔꾸 아리마센데시다

올 여름은 덥지 않았습니다.

---

3 **すうがくは やさしく ありませんでした。**
스-가꾸와 야사시꾸 아리마센데시다

수학은 쉽지 않았습니다.

---

4 **にほんごは むずかしく ありませんでしたか。**
니홍고와 무즈까시꾸 아리마센데시다까

일본어는 어렵지 않았습니까?

---

5 **この とけいは たかく ありませんでしたか。**
고노도께-와 다까꾸 아리마센데시다까

이 시계는 비싸지 않았습니까?

179

14 형용사~くて、형용사~いです

~하고, ~합니다

これは ながいです。 あれは みじかいです。
고레와 나가이데스   아레와 미지까이데스

이것은 깁니다.
저것은 짧습니다.

これは ながくて、あれは みじかいです。
고레와 나가꾸떼, 아레와 미지까이데스

이것을 길고,
저것은 짧습니다.

형용사에 접속하는 **て**는 원인이나 이유, 설명을 나타내기도 하지만, 위의 예문처럼 **~は ~くて, ~は ~で す**의 형태로 쓰일 때는 두 가지 이상의 상태를 열거하여 앞뒤가 상반됨을 나타냅니다.

---

1 **ここは ひろくて、あそこは せまいです。**
고꼬와 히로꾸떼, 아소꼬와 세마이데스

여기는 넓고,
저기는 좁습니다.

---

2 **いえは ちかくて、がっこうは とおいです。**
이에와 치까꾸떼, 각꼬-와 도-이데스

집은 가깝고,
학교는 멉니다.

---

3 **かおは まるくて、はなは ながいです。**
가오와 마루꾸떼, 하나와 나가이데스

얼굴은 둥글고,
코는 깁니다.

---

4 **バナナは あまくて、レモンは すっぱいです。**
바나나와 아마꾸떼, 레몽와 습빠이데스

바나나는 달고,
레몬은 십니다.

---

5 **なつは あつくて、あきは すずしいです。**
나쯔와 아쯔꾸떼, 아끼와 스즈시-데스

여름은 덥고,
가을은 시원합니다.

180

✏️ 괄호 속의 단어를 사용하여 문장을 만들어보세요.

1 겨울은 춥습니다. (ふゆ・さむい)

➡️

2 역은 가깝습니까? (えき・ちかい)

➡️

3 올 여름은 덥지 않습니다. (ことし・なつ・あつい)

➡️

4 일본어는 어렵지 않습니까? (にほんご・むずかしい)

➡️

5 이것은 새 구두입니다. (あたらしい・くつ)

➡️

6 수학은 쉽지 않았습니다. (すうがく・やさしい)

➡️

7 이 시계는 비싸지 않았습니까? (とけい・たかい)

➡️

8 여기는 넓고, 저기는 좁습니다. (ひろい・せまい)

➡️

Answers 1. ふゆは さむいです。　2. えきは ちかいですか。　3. ことしの なつは あつく ありません。　4. にほんご は むずかしく ありませんか。　5. これは あたらしい くつです。　6. すうがくは やさしく ありませんでした。 7. この とけいは たかく ありませんでしたか。　8. ここは ひろくて、あそこは せまいです。

형용동사

일본어의 형용사는 형태상 기본형의 어미가 **~い**인 경우와 **~だ**인 경우가 있습니다. 어미가 **~だ**인 경우는 형용동사(形容動詞)로 앞서 배운 형용사와 어미의 형태가 다를 뿐 상태를 나타내는 점에 있어서는 형용사와 동일합니다. 단, 형용동사는 명사적인 성질이 강하며, 우리말의 「명사＋하다」와 마찬가지로 상태를 나타낼 경우에는 대부분 일본어의 형용동사에 해당합니다.

しずかだ 조용하다   **きれいだ** 깨끗하다
まじめだ 성실하다   **ゆうめいだ** 유명하다

○ 기본형

어미가 **~だ**로 끝나는 형용동사는 그 자체로 문장을 종결짓기도 합니다. 그러나 뒤의 명사를 수식할 때 앞서 배운 형용사에서는 어미 변화가 없었지만, 형용동사는 어미 **~だ**가 **~な**로 바뀝니다.

この こうえんは とても しずかだ。 이 공원은 매우 조용하다.
とても しずかな こうえんですね。 매우 조용한 공원이군요.

○ 정중형

형용동사의 기본형은 보통체로 「～하다」의 뜻이지만, 기본형에 정중한 단정을 나타내는 **です**를 접속하면 「～합니다」의 뜻으로 상태를 정중하게 표현합니다. 질문을 할 때는 의문이나 질문을 나타내는 종조사 **か**를 접속하면 됩니다.

この こうえんは しずかです。 이 공원은 조용합니다.
この こうえんは しずかでは ありません。 이 공원은 조용하지 않습니다.
この こうえんは しずかでした。 이 공원은 조용했습니다.
この こうえんは しずかでは ありませんでした。 이 공원은 조용하지 않았습니다.
この こうえんは しずかで、こうつうも べんりです。
이 공원은 조용하고, 교통도 편합니다.

> ## ここは しずかだ。
> 고꼬와 시즈까다
>
> 여기는 조용하다.
>
> ## ここは しずかです。
> 고꼬와 시즈까데스
>
> 여기는 조용합니다.

형용동사의 어간에 정중한 단정을 나타내는 **です**를 접속하면 「**~합니다**」의 뜻으로 정중형이 됩니다. 또한 의문이나 질문을 나타낼 때는 조사 **か**를 붙입니다.

1 この さかなは しんせんです。
고노 사까나와 신센데스

이 생선은 신선합니다.

✎

2 ここの くうきは さわやかです。
고꼬노 쿠ー끼와 사와야까데스

여기 공기는 상쾌합니다.

✎

3 あの ひとは しんせつです。
아노 히또와 신세쯔데스

그 사람은 친절합니다.

✎

4 ここは こうつうが べんりですか。
고꼬와 코ー쓰ー가 벤리데스까

여기는 교통이 편합니까?

✎

5 あの かしゅは ゆうめいですか。
아노 카슈와 유ー메ー데스까

저 가수는 유명합니까?

✎

ここは しずかでは ない。
고꼬와 시즈까데와 나이

여기는 조용하지 않다.

ここは しずかでは ありません。
고꼬와 시즈까데와 아리마셍

여기는 조용하지 않습니다.

형용사의 부정형은 어미 **だ**를 **で**로 바꾸고 부정어인 **ない**를 접속하면 됩니다. 보통 **で**와 **ない** 사이에 조사 **は**를 접속하여 씁니다. 또한 형용동사의 정중형을 부정할 때는 부정어인 **ない** 대신에 **ありません**을 접속하면 됩니다.

---

1 **この とおりは にぎやかでは ありません。**
고노 도-리와 니기야까데와 아리마셍

이 거리는 붐비지 않습니다.

---

2 **あの ひとは まじめでは ありません。**
아노 히또와 마지메데와 아리마셍

저 사람은 착하지 않습니다.

---

3 **この りょうりは すきじゃ ありません。**
고노 료-리와 스끼쟈 아리마셍

이 요리는 좋아하지 않습니다.

---

4 **あの かしゅは ゆうめいでは ありませんか。**
아노 카슈와 유-메-데와 아리마셍까

저 가수는 유명하지 않습니까?

---

5 **この セーターは はでじゃ ありませんか。**
고노 세-따-와 하데쟈 아리마셍까

이 스웨터는 화려하지 않습니까?

184

17 형용동사~な + 명사

~한 + 명사

ここは しずかな こうえんですか。
고꼬와 시즈까나 코-엔데스까

여기는 조용한 공원입니까?

はい、しずかな こうえんです。
하이, 시즈까나 코-엔데스

네, 조용한 공원입니다.

형용사가 뒤의 명사를 꾸밀 때는 앞서 배운 대로 기본형 상태를 취하지만, 형용동사의 경우는 어미 **だ**가 **な**로 바뀝니다.

---

1 **ここは こうつうが べんりな ところです。**
고꼬와 코-쓰-가 벤리나 도꼬로데스

여기는 교통이 편한 곳입니다.

---

2 **きむらさんは しんせつな かたです。**
기무라상와 신세쯔나 카따데스

기무라 씨는 친절한 분입니다.

---

3 **あのひとは ゆうめいな さっかです。**
아노 히또와 유-메-나 삭까데스

저 사람은 유명한 작가입니다.

---

4 **なかなか きれいな へやですね。**
나까나까 기레-나 헤야데스네

상당히 깨끗한 방이군요.

---

5 **しんせんな くだものが たくさん あります。**
신센나 구다모노가 다꾸상(닥상) 아리마스

신선한 과일이 많이 있습니다.

---

18 형용동사 ~でした

~했습니다

> **ここは しずかでした。**
> 고꼬와 시즈까데시다
>
> 여기는 조용했습니다.
>
> **ここは しずかでしたか。**
> 고꼬와 시즈까데시다까
>
> 여기는 조용했습니까?

일본어 형용동사의 정중형인 **です**의 과거형은 **でした**가 됩니다. 즉, 형용동사의 어간에 **でした**를 접속하면 「**~했습니다**」의 뜻이 됩니다. 이처럼 일본어 형용동사는 명사에 접속하여 단정을 나타내는 **だ**나 **です**와 동일하게 활용을 하지만 명사를 수식하는 점에서만 다릅니다.

1　**この さかなは しんせんでした。**
고노 사까나와 신센데시다

이 생선은 신선했습니다.

2　**ここの くうきは さわやかでした。**
고꼬노 쿠-끼와 사와야까데시다

여기 공기는 상쾌했습니다.

3　**あの ひとは しんせつでした。**
아노 히또와 신세쯔데시다

그 사람은 친절했습니다.

4　**ここは こうつうが べんりでしたか。**
고꼬와 코-쓰-가 벤리데시다까

여기는 교통이 편했습니까?

5　**この デパートは ゆうめいでしたか。**
고노 데빠-또와 유-메-데시다까

이 백화점은 유명했습니까?

19 형용동사 ~では ありませんでした

~하지 않았습니다

ここは しずかでは ありません。
고꼬와 시즈까데와 아리마셍

여기는 조용하지 않습니다.

ここは しずかでは ありませんでした。
고꼬와 시즈까데와 아리마셍데시다

여기는 조용하지 않았습니다.

형용동사의 정중한 부정형인 **~では ありません**의 과거형은 **~では ありませんでした**입니다. 즉, **~では ありません**에 **です**의 과거형인 **でした**를 접속하면 됩니다. 회화체에서는 **~じゃ ありませんでした**로도 쓰입니다.

---

1 **あ ここは にぎやかでは ありませんでした。**
아소꼬와 니기야까데와 아리마셍데시다

거기는 붐비지 않았습니다.

---

2 **あのひとは まじめでは ありませんでした。**
아노 히또와 마지메데와 아리마셍데시다

저 사람은 착하지 않았습니다.

---

3 **この りょうりは すきじゃ ありませんでした。**
고노 료-리와 스끼쟈 아리마셍데시다

이 요리는 좋아하지 않았습니다.

---

4 **あのひとは ゆうめいでは ありませんでしたか。**
아노 히또와 유-메-데와 아리마셍데시다까

저 사람은 유명하지 않았습니까?

---

5 **あの セーターは はでじゃ ありませんでしたか。**
아노 세-따-와 하데쟈 아리마셍데시다까

그 스웨터는 화려하지 않았습니까?

187

~하고, ~합니다

> **ここは べんりです。あそこは ふべんです。**
> 고꼬와 벤리데스　　　　　아소꼬와 후벤데스
>
> 여기는 편합니다.
> 저기는 불편합니다.
>
> **ここは べんりで、あそこは ふべんです。**
> 고꼬와 벤리데、아소꼬와 후벤데스
>
> 여기는 편하고,
> 저기는 불편합니다.

형용동사에 접속하는 **で**는 원인이나 이유, 설명을 나타내기도 하지만, 위의 보기처럼 **~は ~で, ~は ~です**의 형태로 쓰일 때는 두 가지 이상의 상태를 열거하여 앞뒤가 상반됨을 나타냅니다.

1 **キムさんは まじめで、せいせきも いいです。**
김씨는 성실하고,
키무상와 마지메데, 세-세끼모 이-데스
성적도 좋습니다.

2 **たなかさんは しんせつで、まじめです。**
다나카 씨는 친절하고,
다나까상와 신세쯔데, 마지메데스
성실합니다.

3 **この ふくは はでで、あの ふくは じみです。**
이 옷은 화려하고,
고노 후꾸와 하데데, 아노 후꾸와 지미데스
저 옷은 수수합니다.

4 **ここは こうつうも べんりで、しずかです。**
여기는 교통도 편하고,
고꼬와 코-쓰-모 벤리데, 시즈까데스
조용합니다.

5 **えいごは じょうずで、にほんごは へたです。**
영어는 잘하고,
에-고와 죠-즈데, 니홍고와 헤따데스
일본어는 서툽니다.

✎ **괄호 속의 단어를 사용하여 문장을 만들어보세요.**

1   그 사람은 친절합니다. (しんせつだ)

2   여기는 교통이 편합니까? (こうつう・べんりだ)

3   이 요리는 좋아하지 않습니다. (りょうり・すきだ)

4   저 가수는 유명하지 않습니까? (かしゅ・ゆうめいだ)

5   상당히 깨끗한 방이군요. (なかなか・きれいだ・へや)

6   그 사람은 친절했습니다.

7   이 요리는 좋아하지 않았습니다.

8   여기는 교통도 편하고, 조용합니다. (しずかだ)

Answers 1. あの ひとは しんせつです。 2. ここは こうつうが べんりですか。 3. この りょうりは すきじゃ あり
ません。 4. あの かしゅは ゆうめいでは ありませんか。 5. なかなか きれいな へやですね。 6. あの ひとは しん
せつでした。 7. この りょうりは すきでは ありませんでした。 8. ここは こうつうも べんりで、しずかです。

동사

일본어 동사는 단독으로 술어가 되고, 사물의 동작이나 상태, 작용, 존재를 나타내며, 어미가 다른 말에 접속할 때 활용을 합니다. 그 특징을 보면 다음과 같습니다.

1. 일본어 동사는 우리말과 달리 의미로 분류하지 않고, 어미의 형태로 분류합니다.
2. 모든 동사의 어미는 **う**단으로 끝나며 9가지(**う, く, ぐ, す, つ, ぬ, ぶ, む, る**)가 있습니다.
3. 모든 동사가 규칙적으로 정격활용을 하고, 불규칙적으로 활용하는 변격동사는 2가지(**くる, する**)뿐 입니다.

1. 동사의 종류

(1) 5단동사

5단동사는 어미가 **う, く, ぐ, す, つ, ぬ, ぶ, む, る**로 모두 9가지가 있습니다.

なく 울다	**およぐ** 헤엄치다	**はなす** 이야기하다
かう 사다	**まつ** 기다리다	**ある** 있다
しぬ 죽다	**よむ** 읽다	**あそぶ** 놀다

(2) 상1단동사

상1단동사는 어미가 위의 5단동사와는 달리 **る** 하나뿐이며, 어미 바로 앞의 음절이 **い**단에 속한 것을 말합니다.

みる 보다	**おきる** 일어나다	**いる** 있다
いきる 살다	**にる** 닮다	**おちる** 떨어지다

(3) 하1단동사

상1단동사와 마찬가지로 어미가 **る** 하나뿐이며, 어미 바로 앞 음절이 **え**단에 속한 것을 말합니다.

でる 나오다	**あける** 열다	**ねる** 잠자다
たべる 먹다	**しめる** 닫다	**わける** 나누다

(4) 변격동사

위의 동사처럼 정격활용을 하지 않는 일본어의 변격동사는 다음 두 동사뿐입니다.

くる 오다　　　　　**する** 하다

※ 이처럼 동사의 종류를 구별하는 이유는 각기 활용이 다르기 때문입니다. 매우 중요하므로 잘 익혀두
어야 합니다.

2. 동사의 활용

○ **기본형**

동사는 그 자체로 문장을 종결짓기도 하고, 뒤의 명사를 수식할 때도 기본형 상태를 취합니다. 우리말에
서는 뒤에 명사가 오면 동사의 어미가 변하지만 일본어에서는 기본형 상태를 취합니다.

ちかくの こうえんは あるく。 근처 공원을 걷다.
こうえんは あるく ひとが います。 공원을 걷는 사람이 있습니다.

○ **정중형**

형용동사의 기본형은 보통체로 「～하다」의 뜻이지만, 정중한 단정을 나타내는 **ます**를 접속하면 「～합
니다」의 뜻으로 동작이나 작용을 정중하게 표현합니다. 또한, 질문을 할 때는 의문이나 질문을 나타내는
종조사 **～か**를 접속하면 됩니다.

ちかくの こうえんを あるきます。 근처 공원을 걷습니다.
ちかくの こうえんを あるきません。 근처 공원을 걷지 않습니다.
ちかくの こうえんを あるきました。 근처 공원을 걸었습니다.
ちかくの こうえんを あるきませんでした。 근처 공원을 걷지 않았습니다.

~합니다

きく 기꾸	→ **き**きます 기끼마스	듣다 듣습니다
およぐ 오요구	→ **およ**ぎます 오요기마스	헤엄치다 헤엄칩니다
はなす 하나스	→ **はな**します 하나시마스	이야기하다 이야기합니다

 어미가 **く・ぐ・す**로 끝나는 5단동사에 **ます**가 접속할 때는 어미가 **い단(き・ぎ・し)**으로 변합니다. **ます**는 단정을 나타내는 **です**와 마찬가지로 정중체입니다. 즉, 우리말의 「**~합니다**」에 해당합니다.

1 **きょうは レポートを か**きます。
쿄-와 레뽀-또오 가끼마스

오늘은 리포트를 씁니다.

2 **なつは うみで およ**ぎます。
나쯔와 우미데 오요기마스

여름에는 바다에서 헤엄칩니다.

3 **キムさんは にほんごで はな**します。
키무상와 니홍고데 하나시마스

김씨는 일본어로 이야기합니다.

4 **へやの でんとうは け**しますか。
헤야노 덴또-와 게시마스까

방 전등은 끕니까?

5 **まいにち ラジオを き**きますか。
마이니찌 라지오오 기끼마스까

매일 라디오를 듣습니까?

22 동사 ~い・ち・ります

かう 가우	→ **かいます** 가이마스	사다 삽니다
うつ 우쯔	→ **うちます** 우찌마스	치다 칩니다
のる 노루	→ **のります** 노리마스	타다 탑니다

어미가 **う·つ·る**로 끝나는 5단동사에 **ます**가 접속할 때는 어미가 **い단(い·ち·り)**으로 변합니다. **ます**는 단정을 나타내는 **です**와 마찬가지로 정중체입니다. 즉, 우리말의 「**~합니다**」에 해당합니다.

1 **にほんごで うたを うたいます。**
니홍고데 우따오 우따이마스

일본어로 노래를 부릅니다.

2 **さよなら ホームランを うちます。**
사요나라 호-무랑오 우찌마스

굿바이홈런을 칩니다.

3 **いなかへ こづつみを おくります。**
이나까에 코즈쓰미오 오꾸리마스

시골에 소포를 보냅니다.

4 **かいしゃまで バスに のりますか。**
카이샤마데 바스니 노리마스까

회사까지 버스를 탑니까?

5 **デパートで なにを かいますか。**
데빠-또데 나니오 가이마스까

백화점에서 무엇을 삽니까?

23 동사~に・み・びます

しぬ	→	**しにます**	죽다
시누		시니마스	죽습니다
のむ	→	**のみます**	마시다
노무		노미마스	마십니다
よぶ	→	**よびます**	부르다
요부		요비마스	부릅니다

어미가 **ぬ・む・ぶ**로 끝나는 5단동사에 **ます**가 접속할 때는 어미 가 **い단(に・み・び)**으로 변합니다. **ます**는 단정을 나타내는 **です**와 마찬가지로 정중체입니다. 즉, 우리말의 「**~합니다**」에 해당합니다.

---

1 **ひとは いつかは しにます。**

히또와 이쯔까와 시니마스

사람은 언젠가는 죽습니다.

---

2 **まいあさ しんぶんを よみます。**

마이아사 심붕오 요미마스

매일 아침 신문을 읽습니다.

---

3 **おかあさんが こどもを よびます。**

오까-상가 고도모오 요비마스

어머니가 아이를 부릅니다.

---

4 **きょうも おさけを のみますか。**

쿄-모 오사께오 노미마스까

오늘도 술을 마십니까?

---

5 **あした かいしゃは やすみますか。**

아시따 카이샤와 야스미마스까

내일 회사는 쉽니까?

---

24 동사~ます

~합니다

おきる 오끼루	→ **おきます** 오끼마스	일어나다 일어납니다
たべる 다베루	→ **たべます** 다베마스	먹다 먹습니다

어미가 **る**로 끝나는 1단동사(**る** 바로 앞 음절이 **い**단과 **え**단에 속한 것)에 **ます**가 접속할 때는 어미 **る**가 탈락됩니다. **ます**는 단정을 나타내는 **です**와 마찬가지로 정중체입니다. 본문의 조사 **で**는 수단이나 재료를 나타내는 용법으로 우리말의 「**~으로**」에 해당합니다.

---

1 **あたらしい ふくを きます。**
아따라시 - 후꾸오 기마스

새 옷을 입습니다.

_____

2 **あさは パンを たべます。**
아사와 팡오 다베마스

아침에는 빵을 먹습니다.

_____

3 **としょかんで ほんを かります。**
도쇼깐데 홍오 가리마스

도서관에서 책을 빌립니다.

_____

4 **あなたは あさはやく おきますか。**
아나따와 아사하야꾸 오끼마스까

당신은 아침 일찍 일어납니까?

_____

5 **あなたは よるおそく ねますか。**
아나따와 요루오소꾸 네마스까

당신은 밤늦게 잡니까?

_____

195

25 きます / します

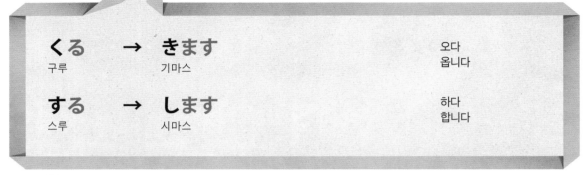

くる 구루	→	**きます** 기마스	오다 옵니다
する 스루	→	**します** 시마스	하다 합니다

 어미에 다른 말이 접속할 때 정격동사는 어간이 변하지 않지만, 변격동사인 **くる**와 **する**는 **ます**가 접속할 때는 어미 **る**가 탈락되고, 어간이 **き·し**로 변합니다. 이처럼 각기 접속하는 말에 따라 어간과 어미가 다르게 변하므로 그때그때 암기해 두어야 합니다.

---

1 **ソウルから ともだちが き**ます。

서우루까라 도모다찌가 기마스

서울에서 친구가 옵니다.

---

2 **まいにち べんきょうを し**ます。

마이니찌 벵꾜-오 시마스

매일 공부를 합니다.

---

3 **だれと ゴルフを し**ますか。

다레또 고루후오 시마스까

누구와 골프를 합니까?

---

4 **きょう だれか き**ますか。

쿄- 다레까 기마스까

오늘 누가 옵니까?

---

5 **やすみの ひは なにを し**ますか。

야스미노 히와 나니오 시마스까

쉬는 날에는 무엇을 합니까?

풀어보기 Check It Out!

✏️ **괄호 속의 단어를 사용하여 문장을 만들어보세요.**

1 오늘은 리포트를 씁니다. (レポート・かく)

▶

2 일본어로 노래를 부릅니다. (にほんご・うたを うたう)

▶

3 회사까지 버스를 탑니까? (かいしゃ・バス・のる)

▶

4 어머니가 어린이를 부릅니다. (おかあさん・こども・よぶ)

▶

5 오늘도 술을 마십니까? (おさけ・のむ)

▶

6 당신은 아침 일찍 일어납니까? (あさはやく・おきる)

▶

7 아침에는 빵을 먹습니다. (パン・たべる)

▶

8 서울에서 친구가 옵니다. (ソウル・ともだち・くる)

▶

Answers 1. きょうは レポートを かきます。 **2.** にほんごで うたを うたいます。 **3.** かいしゃまで バスに のりますか。 **4.** おかあさんが こどもを よびます。 **5.** きょうも おさけを のみますか。 **6.** あなたは あさはやく おきますか。 **7.** あさは パンを たべます。 **8.** ソウルから ともだちが きます。

26 동사~き・ぎ・しません

~하지 않습니다

ききます 기끼마스	→	**ききません** 기끼마셍	듣습니다 듣지 않습니다
およぎます 오요기마스	→	**およぎません** 오요기마셍	헤엄칩니다 헤엄치지 않습니다
はなします 하나시마스	→	**はなしません** 하나시마셍	이야기합니다 이야기하지 않습니다

정중한 뜻을 나타내는 **ます**의 부정형인 **ません**은 「**~하지 않습니다**」의 뜻으로, 어미가 **く・ぐ・す**로 끝나는 5단동사에 접속할 때도 **い단**(**き・ぎ・し**)으로 변하여 **ません**이 접속하여 부정을 나타냅니다.

---

1 きょうは レポートを かきません。
쿄-와 레뽀-또오 가끼마셍

오늘은 리포트를 쓰지 않습니다.

---

2 ふゆは うみで およぎません。
후유와 우미데 오요기마셍

겨울에는 바다에서 헤엄치지 않습니다.

---

3 キムさんは にほんごで はなしません。
키무상와 니홍고데 하나시마셍

김씨는 일본어로 이야기하지 않습니다.

---

4 へやの でんとうは けしませんか。
헤야노 덴또-와 게시마셍까

방 전등은 끄지 않습니까?

---

5 まいにち ラジオを ききませんか。
마이니찌 라지오오 기끼마셍까

매일 라디오를 듣지 않습니까?

---

27 동사~い・ち・りません

かいます 가이마스	→	**かいません** 가이마셍
うちます 우찌마스	→	**うちません** 우찌마셍
のります 노리마스	→	**のりません** 노리마셍

삽니다
사지 않습니다

칩니다
치지 않습니다

탑니다
타지 않습니다

정중한 뜻을 나타내는 **ます**의 부정형인 **ません**은 「**~하지 않습니다**」의 뜻으로, 어미가 **う・つ・る**로 끝나는 5단동사에 접속할 때도 **い단(い・ち・り)**으로 변하여 **ません**이 접속하여 부정을 나타냅니다.

---

1 **にほんごで うたを うたいません。**
니홍고데 우따오 우따이마셍

일본어로 노래를 부르지 않습니다.

---

2 **コンピューターの キーボードを うちません。**
콤퓨-따-노 키-보-도오 우찌마셍

컴퓨터 키보드를 치지 않습니다.

---

3 **いなかへ こづつみを おくりません。**
이나까에 코즈쓰미오 오꾸리마셍

시골에 소포를 보내지 않습니다.

---

4 **かいしゃまで バスに のりませんか。**
카이샤마데 바스니 노리마셍까

회사까지 버스를 타지 않습니까?

---

5 **デパートでは なにも かいませんか。**
데빠-또데와 나니모 가이마셍까

백화점에서는 아무것도 사지 않습니까?

~하지 않습니다

しにます →	**しにません**	죽습니다
시니마스	시니마셍	죽지 않습니다
のみます →	**のみません**	마십니다
노미마스	노미마셍	마시지 않습니다
よびます →	**よびません**	부릅니다
요비마스	요비마셍	부르지 않습니다

정중한 뜻을 나타내는 **ます**의 부정형인 **ません**은 「**~하지 않습니다**」의 뜻으로, 어미가 **ぬ・む・ぶ**로 끝나는 5단동사에 접속할 때도 **い단(に・み・び)**으로 변하여 **ません**이 접속하여 부정을 나타냅니다.

1 **あの こぼくは なかなか しにません。**
아노 고보꾸와 나까나까 시니마셍

저 고목은 좀처럼 죽지 않습니다.

2 **まいあさ しんぶんを よみません。**
마이아사 심붕오 요미마셍

매일 아침 신문을 읽지 않습니다.

3 **おかあさんが こどもを よびません。**
오까—상가 고도모오 요비마셍

어머니가 아이를 부르지 않습니다.

4 **きょうは おさけを のみませんか。**
쿄—와 오사께오 노미마셍까

오늘은 술을 마시지 않습니까?

5 **あした かいしゃは やすみませんか。**
아시따 카이샤와 야스미마셍까

내일 회사는 쉬지 않습니까?

200

29 동사~ません

~하지 않습니다

おき**ます** → おき**ません**
오끼마스   오끼마셍

일어납니다
일어나지 않습니다

たべ**ます** → たべ**ません**
다베마스   다베마셍

먹습니다
먹지 않습니다

 어미가 **る**로 끝나는 1단동사(**る** 바로 앞 음절이 **い**단과 **え**단에 속한 것)에 정중한 뜻을 나타내는 **ます**의 부정형인 **ません**이 접속할 때도 어미 **る**가 탈락되어 부정을 나타냅니다.

1 **あたらしい ふくを き**ません**。**
아따라시- 후꾸오 기마셍

새 옷을 입지 않습니다.

2 **あさは パンを たべ**ません**。**
아사와 팡오 다베마셍

아침에는 빵을 먹지 않습니다.

3 **としょかんで ほんを かり**ません**。**
도쇼깐데 홍오 가리마셍

도서관에서 책을 빌리지 않습니다.

4 **あなたは あさはやく おき**ません**か。**
아나따와 아사하야꾸 오끼마셍까

당신은 아침 일찍 일어나지 않습니까?

5 **あなたは よるおそくまで ね**ません**か。**
아나따와 요루오소꾸마데 네마셍까

당신은 밤늦게까지 자지 않습니까?

오지 않습니다 / 하지 않습니다

きます 기마스	→	**きません** 기마셍	옵니다 오지 않습니다
します 시마스	→	**しません** 시마셍	합니다 하지 않습니다

어미에 다른 말이 접속할 때 정격동사는 어간이 변하지 않지만, 변격동사인 **くる**와 **する**는 정중한 뜻을 나타내는 **ます**의 부정형인 **ません**이 접속할 때도 어미 **る**가 탈락되고, 어간이 **き·し**로 변합니다. 이처럼 각기 접속하는 말에 따라 어간과 어미가 다르게 변하므로 그때그때 암기해 두어야 합니다.

---

1 ソウルから ともだちが きません。

소우루까라 도모다찌가 기마셍

서울에서 친구가 오지 않습니다.

---

2 まいにち べんきょうを しません。

마이니찌 벵꾜ー오 시마셍

매일 공부를 하지 않습니다.

---

3 あなたは ゴルフを しませんか。

아나따와 고루후오 시마셍까

당신은 골프를 하지 않습니까?

---

4 きょうは だれが きませんか。

쿄ー와 다레가 기마셍까

오늘은 누가 오지 않습니까?

---

5 やすみの ひは なにも しませんか。

야스미노 히와 나니모 시마셍까

쉬는 날에는 아무것도 하지 않습니까?

✏️ **괄호 속의 단어를 사용하여 문장을 만들어보세요.**

1　겨울에는 바다에서 헤엄치지 않습니다. (ふゆ・うみ・およぐ)

2　시골에 소포를 보내지 않습니다. (いなか・こづつみ・おくる)

3　백화점에서는 아무것도 사지 않습니까? (デパート・かう)

4　저 고목은 좀처럼 죽지 않습니다. (こぼく・なかなか・しぬ)

5　매일 아침 신문을 읽지 않습니다. (まいあさ・しんぶん・よむ)

6　새 옷을 입지 않습니다. (あたらしい・ふく・きる)

7　당신은 밤늦게까지 자지 않습니까? (よるおそくまで・ねる)

8　나는 매일 공부를 하지 않습니다. (まいにち・べんきょう・する)

Answers 1. ふゆは うみで およぎません。 **2.** いなかへ こづつみを おくりません。 **3.** デパートでは なにも かいませんか。 **4.** あの こぼくは なかなか しにません。 **5.** まいあさ しんぶんを よみません。 **6.** あたらしい ふくを きません。 **7.** あなたは よるおそくまで ねませんか。 **8.** わたしは まいにち べんきょうを しません。

~했습니다

きます 기끼마스	→	**ききました** 기끼마시다	듣습니다 들었습니다
およぎます 오요기마스	→	**およぎました** 오요기마시다	헤엄칩니다 헤엄쳤습니다
はなします 하나시마스	→	**はなしました** 하나시마시다	이야기합니다 이야기했습니다

정중한 뜻을 나타내는 **ます**의 과거형인 **ました**는 「**~했습니다**」의 뜻으로, 어미가 **く·ぐ·す**로 끝나는 5단 동사에 접속할 때도 **い단(き·ぎ·し)**으로 변하여 **ました**가 접속하여 과거를 나타냅니다.

1 **きょうは レポートを かきました。**
오늘은 리포트를 썼습니다.
쿄─와 레뽀─또오 가끼마시다

2 **なつは うみで およぎました。**
여름에는 바다에서 헤엄쳤습니다.
나쯔와 우미데 오요기마시다

3 **キムさんは にほんごで はなしました。**
김씨는 일본어로 이야기했습니다.
키무상와 니홍고데 하나시마시다

4 **へやの でんとうは けしましたか。**
방 전등은 껐습니까?
헤야노 덴또─와 게시마시다까

5 **まいにち ラジオを ききましたか。**
매일 라디오를 들었습니까?
마이니찌 라지오오 기끼마시다까

32 동사~い·ち·りました

かいます 가이마스	→	**かいました** 가이마시다	삽니다 샀습니다
うちます 우찌마스	→	**うちました** 우찌마시다	칩니다 쳤습니다
のります 노리마스	→	**のりました** 노리마시다	탑니다 탔습니다

정중한 뜻을 나타내는 **ます**의 과거형인 **ました**는 「**～했습니다**」의 뜻으로, 어미가 **う·つ·る**로 끝나는 5단
동사에 접속할 때도 **い단(い·ち·り)**으로 변하여 **ました**가 접속하여 과거를 나타냅니다.

---

1 **にほんごで うたを うたいました。**
니홍고데 우따오 우따이마시다

일본어로 노래를 불렀습니다.

---

2 **コンピューターの キーボードを うちました。**
콤퓨ー따ー노 키ー보ー도오 우찌마시다

컴퓨터 키보드를 쳤습니다.

---

3 **いなかへ こづつみを おくりました。**
이나까에 코즈쓰미오 오꾸리마시다

시골에 소포를 보냈습니다.

---

4 **かいしゃまで バスに のりましたか。**
카이샤마데 바스니 노리마시다까

회사까지 버스를 탔습니까?

---

5 **デパートでは なにを かいましたか。**
데빠ー또데와 나니오 가이마시다까

백화점에서는 무엇을 샀습니까?

205

~했습니다

しにます 시니마스	→	**しにました** 시니마시다

죽습니다
죽었습니다

のみます 노미마스	→	**のみました** 노미마시다

마십니다
마셨습니다

よびます 요비마스	→	**よびました** 요비마시다

부릅니다
불렀습니다

정중한 뜻을 나타내는 **ます**의 과거형인 **ました**는 「**~했습니다**」의 뜻으로, 어미가 **ぬ·む·ぶ**로 끝나는 5단 동사에 접속할 때도 **い단(に·み·び)**으로 변하여 **ました**가 접속하여 과거를 나타냅니다.

1　あの こぼくは すでに しにました。
아노 코보꾸와 스데니 시니마시다

저 고목은 이미 죽었습니다.

2　まいあさ しんぶんを よみました。
마이아사 심붕오 요미마시다

매일 아침 신문은 읽었습니다.

3　おかあさんが こどもを よびました。
오까–상가 고도모오 요비마시다

어머니가 아이를 불렀습니다.

4　きょうも おさけを のみましたか。
쿄–모 오사께오 노미마시다까

오늘도 술을 마셨습니까?

5　きのう かいしゃを やすみましたか。
기노– 카이샤오 야스미마시다까

어제 회사를 쉬었습니까?

---

34 동사~ました

~했습니다

おき**ます** → おき**ました**
오끼마스   오끼마시다

일어납니다
일어났습니다

たべ**ます** → たべ**ました**
다베마스   다베마시다

먹습니다
먹었습니다

어미가 **る**로 끝나는 1단동사(**る** 바로 앞 음절이 **い**단과 **え**단에 속한 것)에 정중한 뜻을 나타내는 **ます**의
과거형인 **ました**가 접속할 때도 어미 **る**가 탈락되어 과거를 나타냅니다.

---

1 **あたらしい ふくを きました。**

아따라시 – 후꾸오 기마시다

새 옷을 입었습니다.

---

2 **あさは パンを たべました。**

아사와 팡오 다베마시다

아침에는 빵을 먹었습니다.

---

3 **としょかんで ほんを かりました。**

도쇼깐데 홍오 가리마시다

도서관에서 책을 빌렸습니
다.

---

4 **あなたは あさはやく おきましたか。**

아나따와 아사하야꾸 오끼마시다까

당신은 아침 일찍 일어났습
니까?

---

5 **あなたは よるおそく ねましたか。**

아나따와 요루오소꾸 네마시다까

당신은 밤늦게 잤습니까?

왔습니다 / 했습니다

きます →	**きました**		옵니다
기마스	기마시다		왔습니다
します →	**しました**		합니다
시마스	시마시다		했습니다

어미에 다른 말이 접속할 때 정격동사는 어간이 변하지 않지만, 변격동사인 **くる**와 **する**는 정중한 뜻을 나타내는 **ます**의 과거형인 **ました**가 접속할 때도 어미 **る**가 탈락되고, 어간이 **き·し**로 변합니다. 이처럼 각기 접속하는 말에 따라 어간과 어미가 다르게 변하므로 그때그때 암기해 두어야 합니다.

---

1 **ソウルから ともだちが きました。**

서우루까라 도모다찌가 기마시다

서울에서 친구가 왔습니다.

---

2 **まいにち べんきょうを しました。**

마이니찌 벵꾜-오 시마시다

매일 공부를 했습니다.

---

3 **だれと ゴルフを しましたか。**

다레또 고루후오 시마시다까

누구와 골프를 했습니까?

---

4 **きょうは だれが きましたか。**

쿄-와 다레가 기마시다까

오늘은 누가 왔습니까?

---

5 **やすみのひは なにを しましたか。**

야스미노 히와 나니오 시마시다까

쉬는 날에는 무엇을 했습니까?

풀어보기 Check It Out!

✎ **괄호 속의 단어를 사용하여 문장을 만들어보세요.**

1   오늘은 리포트를 썼습니다. (レポート・かく)

▶

2   라디오 뉴스를 들었습니까? (ラジオ ニュース・きく)

▶

3   일본어로 노래를 불렀습니다. (にほんご・うたを うたう)

▶

4   백화점에서는 무었을 샀습니까? (デパート・かう)

▶

5   어머니가 아이를 불렀습니다. (はは・こども・よぶ)

▶

6   어제 회사를 쉬었습니까? (かいしゃ・やすむ)

▶

7   새 옷을 입었습니다. (あたらしい・ふく・きる)

▶

8   오늘은 누가 왔습니까? (だれが・くる)

▶

Answers 1. きょうは レポートを かきました。 **2.** ラジオ ニュースを ききましたか。 **3.** にほんごで うたを うたいました。 **4.** デパートでは なにを かいましたか。 **5.** おかあさんが こどもを よびました。 **6.** きのう かいしゃを やすみましたか。 **7.** あたらしい ふくを きました。 **8.** きょうは だれが きましたか。

~하지 않았습니다

ききません 기끼마셍	→ **ききませんでした** 기끼마센데시다	듣지 않습니다 듣지 않았습니다
およぎません 오요기마셍	→ **およぎませんでした** 오요기마센데시다	헤엄치지 않습니다 헤엄치지 않았습니다
はなしません 하나시마셍	→ **はなしませんでした** 하나시마센데시다	이야기하지 않습니다 이야기하지 않았습니다

정중한 부정의 뜻을 나타내는 **ません**에 과거형인 **でした**를 접속하면 「**~하지 않았습니다**」의 뜻으로, 어미가 **く・ぐ・す**로 끝나는 5단동사에 접속할 때도 **い단(き・ぎ・し)**으로 변하여 **ませんでした**가 접속하면 과거부정을 나타냅니다.

1 きょうは レポートを かきませんでした。
쿄−와 레뽀−또오 가끼마센데시다

오늘은 리포트를 쓰지 않았습니다.

2 ふゆは うみで およぎませんでした。
후유와 우미데 오요기마센데시다

겨울에는 바다에서 헤엄치지 않았습니다.

3 キムさんは にほんごで はなしませんでした。
키무상와 니홍고데 하나시마센데시다

김씨는 일본어로 이야기하지 않았습니다.

4 へやの でんとうは けしませんでしたか。
헤야노 덴또−와 게시마센데시다까

방 전등은 끄지 않았습니까?

5 きのう ラジオを ききませんでしたか。
기노− 라지오오 기끼마센데시다까

어제 라디오를 듣지 않았습니까?

37 동사~い・ち・りませんでした

~하지 않았습니다

かいません 가이마셍	→	かいませんでした 가이마센데시다	사지 않습니다 사지 않았습니다
うちません 우찌마셍	→	うちませんでした 우찌마센데시다	치지 않습니다 치지 않았습니다
のりません 노리마셍	→	のりませんでした 노리마센데시다	타지 않습니다 타지 않았습니다

정중한 부정의 뜻을 나타내는 **ません**에 과거형인 **でした**를 접속하면 「**~하지 않았습니다**」의 뜻으로, 어미가 **う・つ・る**로 끝나는 5단동사에 접속할 때도 **い단(い・ち・り)**으로 변하여 **ませんでした**가 접속하면 과거 부정을 나타냅니다.

---

1 **にほんごで うたを うたいませんでした。**
니홍고데 우따오 우따이마센데시다

일본어로 노래를 부르지 않았습니다.

---

2 **キーボードを うちませんでした。**
키-보-도오 우찌마센데시다

키보드를 치지 않았습니다.

---

3 **いなかへ こづつみを おくりませんでした。**
이나까에 코즈쓰미오 오꾸리마센데시다

시골에 소포를 보내지 않았습니다.

---

4 **かいしゃまで バスに のりませんでしたか。**
카이샤마데 바스니 노리마센데시다까

회사까지 버스를 타지 않았습니까?

---

5 **デパートでは なにも かいませんでしたか。**
데빠-또데와 나니모 가이마센데시다까

백화점에서는 아무것도 사지 않았습니까?

38 동사~に·み·びませんでした

しにません 시니마셍	→	**しにませんでした** 시니마센데시다	죽지 않습니다 죽지 않았습니다
のみません 노미마셍	→	**のみませんでした** 노미마센데시다	마시지 않습니다 마시지 않았습니다
よびません 요비마셍	→	**よびませんでした** 요비마센데시다	부르지 않습니다 부르지 않았습니다

정중한 부정의 뜻을 나타내는 **ません**에 과거형인 **でした**를 접속하면 「**~하지 않았습니다**」의 뜻으로, 어미 가 (**ぬ·む·ぶ**)로 끝나는 5단동사에 접속할 때도 **い단(に·み·び)**으로 변하여 **ませんでした**가 접속하면 과 거부정을 나타냅니다.

1 あの こぼくは なかなか しにませんでした。
아노 고보꾸와 나까나까 시니마센데시다

저 고목은 좀처럼 죽지 않았 습니다.

2 まいあさ しんぶんを よみませんでした。
마이아사 심붕오 요미마센데시다

매일 아침 신문을 읽지 않았 습니다.

3 おかあさんが こどもを よびませんでした。
오까－상가 고도모오 요비마센데시다

어머니가 아이를 부르지 않았습니다.

4 きょうは おさけを のみませんでしたか。
쿄－와 오사께오 노미마센데시다까

오늘은 술을 마시지 않았습 니까?

5 きのう かいしゃを やすみませんでしたか。
기노－ 카이샤오 야스미마센데시다까

어제 회사를 쉬지 않았습니 까?

39 동사~ませんでした

~하지 않았습니다

おきません 오끼마셍	→	**おきませんでした** 오끼마센데시다

일어나지 않습니다
일어나지 않았습니다

たべません 다베마셍	→	**たべませんでした** 다베마센데시다

먹지 않습니다
먹지 않았습니다

어미가 **る**로 끝나는 1단동사(**る** 바로 앞 음절이 **い**단과 **え**단에 속한 것)에 정중한 부정의 뜻을 나타내는 **ま せん**에 과거형인 **でした**를 접속하면 「**~하지 않았습니다**」의 뜻으로, **ませんでした**가 접속할 때도 어미 **る**가 탈락되어 과거부정을 나타냅니다.

---

1 **あたらしい ふくを きませんでした。**
아따라시- 후꾸오 기마센데시다

새 옷을 입지 않았습니다.

🖉

2 **あさは パンを たべませんでした。**
아사와 팡오 다베마센데시다

아침에는 빵을 먹지 않았습니다.

🖉

3 **としょかんで ほんを かりませんでした。**
도쇼깐데 홍오 가리마센데시다

도서관에서 책을 빌리지 않았습니다.

🖉

4 **あなたは あさはやく おきませんでしたか。**
아나따와 아사하야꾸 오끼마센데시다까

당신은 아침 일찍 일어나지 않았습니까?

🖉

5 **あなたは よるおそくまで ねませんでしたか。**
아나따와 요루오소꾸마데 네마센데시다까

당신은 밤늦게까지 자지 않았습니까?

🖉

40 きませんでした / しませんでした

オジ 않았습니다 / 하지 않았습니다

きません 기마셍	→	**きませんでした** 기마센데시다

オジ 않습니다
オジ 않았습니다

しません 시마셍	→	**しませんでした** 시마센데시다

하지 않습니다
하지 않았습니다

어미에 다른 말이 접속할 때 정격동사는 어간이 변하지 않지만, 변격동사인 **くる**와 **する**는 정중한 과거부정을 나타내는 **ませんでした**가 접속할 때도 어미 **る**가 탈락되고, 어간이 **き·し**로 변합니다. 이처럼 각기 접속하는 말에 따라 어간과 어미가 다르게 변하므로 그때그때 암기해 두어야 합니다.

1 **ソウルから ともだちが き**ません**でした。**
서우루까라 도모다찌가 기마센데시다

서울에서 친구가 오지 않았습니다.

2 **まいにち べんきょうを し**ません**でした。**
마이니찌 벵꾜-오 시마센데시다

매일 공부를 하지 않았습니다.

3 **きのうは ゴルフを し**ません**でした**か**。**
기노-와 고루후오 시마센데시다까

어제는 골프를 하지 않았습니까?

4 **きょうは だれが き**ません**でした**か**。**
쿄-와 다레가 기마센데시다까

오늘은 누가 오지 않았습니까?

5 **やすみの ひは なにも し**ません**でした**か**。**
야스미노 히와 나니모 시마센데시다까

쉬는 날에는 아무것도 하지 않았습니까?

214

✎ **괄호 속의 단어를 사용하여 문장을 만들어보세요.**

1   김씨는 일본어로 이야기하지 않았습니다. (にほんご・はなす)

➠

2   회사까지 버스를 타지 않았습니까? (かいしゃ・バス・のる)

➠

3   백화점에서는 아무것도 사지 않았습니까? (デパート・かう)

➠

4   오늘 아침은 신문을 읽지 않았습니다. (けさ・しんぶん・よむ)

➠

5   오늘은 술을 마시지 않았습니까? (さけ・のむ)

➠

6   아침에는 빵을 먹지 않았습니다. (パン・たべる)

➠

7   당신은 아침 일찍 일어나지 않았습니까? (あさはやく・おきる)

➠

8   쉬는 날에는 아무것도 하지 않았습니까? (やすみの ひ・する)

➠

Answers 1. キムさんは にほんごで はなしませんでした。 2. かいしゃまで バスに のりませんでしたか。 3. デパートでは なにも かいませんでしたか。 4. けさは しんぶんを よみませんでした。 5. きょうは おさけを のみませんでしたか。 6. あさは パンを たべませんでした。 7. あなたは あさはやく おきませんでしたか。 8. やすみの ひは なにも しませんでしたか。